# LLÉNATE DE LUZ
# NO DE MIEDO

# LLÉNATE DE LUZ NO DE MIEDO

Neil Anderson
Y Rich Miller

BETANIA
*Un Sello de Editorial Caribe*

*Una división de Thomas Nelson, Inc.*
P.O. Box 141000
Nashville, TN 37217, U.S.A.

E-mail: caribe@editorialcaribe.com

Título del original en inglés:
*Know Light, No Fear*
Publicado por *Thomas Nelson Publishers*

Traductor: *Javier Antonio Quiñones-Ortiz*

ISBN: 088113-432-5



Impreso en EE.UU.
Printed in U.S.A.

3ª Impresión

A mi gentil, atenta
y divertida esposa,
*Shirley Grace,*
que seguramente
es un regalo de gracia
de nuestro Señor Jesucristo.
*Rich Miller*

# Contenido

**Parte 3: Caminemos con Dios**

# Reconocimientos

La edición adulta de este libro, *Cuando andamos en la luz*, nació de la necesidad. Tuvimos que aprender a ayudar a la gente a encontrar su libertad en Cristo de cualquier clase de esclavitud. El asunto medular en cada caso fue el engaño. Por eso fue que Jesús dijo: «Si vosotros permaneciereis en mi palabra, seréis verdaderamente mis discípulos; y conoceréis la verdad, y la verdad os hará libres» (Juan 8.31-32).

El apóstol Pablo escribió: «Pero el Espíritu dice claramente que en los postreros tiempos algunos apostatarán de la fe, escuchando a espíritus engañadores y a doctrinas de demonios» (1 Timoteo 4.1). Eso está sucediendo ahora mismo a través de todo el mundo. Muchas personas están esclavizadas porque prestan atención a los espíritus engañadores. Por otro lado, «todos los que son guiados por el Espíritu de Dios, éstos son hijos de Dios» (Romanos 8.14). Esta edición revisada de mi primer libro se ha escrito para ayudar a los cristianos más jóvenes a discernir la dirección de Dios en sus vidas y para que vivan libres en Cristo.

Quiero agradecerle a Rich Miller por todo el trabajo que hizo para que esta revisión fuera práctica, relevante y comprensible para la generación más joven. Rich y su esposa, Shirley, están proveyendo un tremendo liderazgo a nuestros ministerios entre los universitarios y los jóvenes adultos. También quiero agradecerle a Thomas Nelson y su laborioso personal por apreciar la necesidad de tal volumen y por el apoyo editorial que nos dieron a Rich y a mí.

Es necesario agradecer a todo mi personal de *Freedom in Christ* [Libertad en Cristo] y reconocerlos por apoyarnos en oración y por proveer todos los servicios que hacen posible un proyecto como este. Es un privilegio trabajar con cada uno de ustedes.

Mi oración, y la de todas estas personas, es que este libro te ayude a vivir una vida libre y productiva en Cristo.

*Neil T. Anderson*

# Introducción

¿Es posible que los cristianos sean engañados? Absolutamente. En nuestro ministerio de ayudar a adolescentes y adultos a encontrar su libertad en Cristo, somos testigos, con frecuencia, de grandes engaños en las vidas de los creyentes. ¡Y muchas de estas personas están en la obra cristiana a «tiempo completo»! «Pero el Espíritu dice claramente que en los postreros tiempos algunos apostatarán de la fe, escuchando a espíritus engañadores y a doctrinas de demonios» (1 Timoteo 4.1).

Probablemente tú mismo has sido testigo de esto. ¿Cuántas veces has visto a un adolescente con una fe en Cristo creciente y genuina estrellarse de pronto y quemarse espiritualmente? ¿O un asistente fiel al grupo de jóvenes que de repente deja de asistir y se hace apático, o hasta negativo, en cuanto a las cosas espirituales? ¿O un joven cristiano tomar una decisión completamente ridícula inculpando a Dios por ella?

Debemos enfrentar la dura realidad de que hay una batalla por nuestras mentes y que podemos ser engañados por el padre de mentiras, Satanás (Juan 8.44). Muchas veces este engaño viene mediante filosofías mundanas como el racionalismo occidental, el misticismo oriental, o una de has herramientas más actuales de Satanás, la enseñanza de la Nueva Era.

La enseñanza de la Nueva Era y la religión ocultista son tan viejas como el huerto del Edén. Lo nuevo es cómo están infiltrando cada nivel de la sociedad, incluso el sistema docente. Puede que hayas tenido la experiencia de observar a un maestro en tu escuela dirigirte en ejercicios de relajación o en conducción de imágenes y técnicas de visualización.

O quizás te has involucrado en cosas como la «Ouija»,

«Bloody Mary», o «Dungeons and Dragons» [Mazmorras y dragones], y pensaste que eran simplemente juegos inofensivos, sin darte cuenta de que podrías haberle estado abriendo la puerta a espíritus engañadores.

Por eso es que en la primera parte de este libro, expondremos las maneras en las cuales podemos ser arrastrados por una guía engañosa. Veremos las razones por las cuales nuestros sentimientos, intuiciones y pensamientos son guías inadecuadas para discernir la voluntad de Dios. Examinaremos las advertencias de Jesús en cuanto a los falsos profetas, apóstoles, maestros, y hasta los falsos cristos.

Hablaremos acerca de cómo ocuparse del temor, una de las estrategias más efectivas de Satanás. No podemos andar por la fe mientras estamos asidos por el miedo, así que es esencial que entendamos la naturaleza del miedo y cómo vencerlo en nuestras vidas.

Con el auje del satanismo y el aumento de la influencia de las creencias de la Nueva Era, los creyentes en Cristo deben convertirse en expertos en la verdad. ¿De qué otra manera podremos reconocer el engaño del enemigo?

En la segunda parte de esta obra cambiaremos de dirección y nos enfocaremos en los principios para discernir la voluntad de Dios. Nos ocuparemos de asuntos como: ¿Cuál es la voluntad de Dios para nuestras vidas? ¿Cómo podemos establecer que Dios nos está dirigiendo? ¿Qué significa «andar por fe», y cómo nos capacita el Espíritu Santo para distinguir entre la verdad y las mentiras?

La tercera parte tratará del andar con Dios. Veremos que todo lo que Dios hace en nuestras vidas es en el contexto de su relación de amor con nosotros. La clave para conocer *la voluntad de Dios* es saber *los caminos de Dios*. Y algunas veces estos caminos son muy distintos a lo que esperamos.

Este no es un libro de fórmulas para descubrir mecánicamente la voluntad de Dios y la dirección para tu vida. Sin embargo, es un libro que por la gracia de Dios puede ayudarte a acercarte a su presencia y seguir su dirección.

Mientras más conozcas la verdad de la Palabra de Dios, mejor podrás andar por fe en Él. Mientras más sensible seas a la dirección del Espíritu Santo, mejor podrás precisar la verdad del engaño.

Por desgracia, no podemos responder a toda pregunta que tengas. Algunos incidentes en la vida son problemáticos, y simplemente jamás sabremos las razones por las cuales ocurren hasta que estemos con Él. También estamos profundamente conscientes de la responsabilidad que llevamos como autores de no extraviar a nadie. Entonces, ¿podrías leer este libro en oración, investigando las Escrituras que usamos para ver si las cosas que escribimos son ciertas?

La Biblia es la única fuente infalible de verdad, no es Neil Anderson, Rich Miller, o ningún otro. De pensar así seríamos arrogantes. Por eso en este libro nos comprometimos a enfocarnos en la Palabra de Dios.

Si ayudamos a prevenir que tropieces o te desvíes del sendero angosto de la verdad en tu andar con Dios, estaremos contentos. Si estás fuera de ese sendero y regresas a la raíz de la verdad de Dios por medio de estas páginas, nos emocionaremos.

¿Quisieras orar con nosotros mientras comenzamos nuestra jornada?

*Querido y amante Padre celestial, gracias porque te ocupas de mí y las cosas que pasan en mi vida, las «grandes» y las «pequeñas». Gracias porque te ocupas lo suficiente como para mostrarme cuál es tu voluntad para mí. Quiero ser dirigido sólo por tu Espíritu Santo y reconocer el engaño de Satanás cuando venga. Creo que tu Palabra, la Biblia, es la única fuente de verdad. Me comprometo en el poder de tu Espíritu a estudiarla y aprender lo que dice para poder andar contigo por fe. En el nombre de Jesús. Amén.*

Capítulo 1

# Comencemos por el principio

En un retiro cristiano, un joven se me acercó y me preguntó: «Rich, ¿cómo puedo estar seguro de que la muchacha con la cual estoy saliendo es la indicada para mí? ¿Cómo puedo saber si es ella con quien Dios quiere que me case?»

Otro estudiante se me acercó con un caso de «pánico de graduando». Se percató de que había llegado el momento de tomar una decisión en cuanto a la universidad. «Rich, no puedo decidir entre una universidad cristiana o una secular. ¿Qué crees que debo hacer?»

Citarse o no citarse. Conseguir un empleo o practicar un deporte. Continuar hacia la universidad o tratar de arreglármelas en el mundo de los negocios. Trabajar en el ministerio o seguir en el trabajo secular. Todas estas son preguntas grandes e increíblemente importantes.

Como jamás encontrarás un versículo en la Biblia que diga: «Debes casarte con, Sonrisitas, tu novia» o «Ciertamente mi voluntad se encuentra en el Recinto Universitario de Mayagüez», ¿cómo podemos saber lo que Dios quiere?

Las respuestas a estas y mil otras preguntas como ellas dependen de un asunto mucho mayor: ¿me ama Dios lo suficiente como para mostrarme su voluntad?

Hemos encontrado que muchos jóvenes de hoy en día no pueden responder de manera firme a esta pregunta crucial, de modo que se hunden en el tormentoso mar de la confusión. Un momento están convencidos de la dirección y el amor de Dios, y entonces algo sucede que los guía de vuelta a la duda y la incertidumbre.

Usualmente lo que sucede después es que el joven va a su pastor de jóvenes o a su mejor amigo cristiano para encontrar «la respuesta».

¿Es esa la única manera de descubrir la voluntad de Dios para nosotros? Creemos que no. Puedes llegar a ser sensible al amor de Dios y a su dirección de manera que aprendas a discernir su voluntad. Este libro te ayudará a hacer justamente eso.

Dios nos ha dado su Palabra, la cual usará el Espíritu Santo para abrir nuestros ojos a su voluntad para nosotros en la mayoría de las áreas. Pero debemos aprender a invertir el tiempo para esperar a Dios y meditar en la verdad de su Palabra para recibir este tipo de dirección. La mayoría de nosotros somos demasiado impacientes para esto. Queremos respuestas inmediatas. Tú sabes, abrir la Biblia, colocar el dedo sobre un versículo, y esperar que nuestro «Dios automático» nos muestre lo que deseamos saber.

No debe sorprendernos averiguar que Dios casi nunca trabaja de esa manera.

Dios espera que sepamos la verdad y que decidamos andar por fe de acuerdo con la verdad de su Palabra. Y esto requiere un estudio disciplinado de la Biblia.

Además, cada creyente en Cristo tiene la oportunidad de ser dirigido de manera personal por el Espíritu de Dios (como discutiremos en un capítulo posterior) en asuntos que no son cubiertos específicamente por la Palabra de Dios. Sin embargo, repetimos, debemos afianzarnos y agarrarnos de una verdad crucial para llegar a discernir la dirección de Dios: Él nos ama infaliblemente. Y eso significa que se alegrará al dirigirnos.

Su Palabra aclara esta verdad: «Con todo, yo siempre estuve contigo [Dios]; me tomaste de la mano derecha. Me has guiado según tu consejo, y después me recibirás en gloria» (Salmo 73.23-24). El rey David encontró que su Dios era una fuente continua de dirección. Tú también puedes hacerlo.

Permíteme ilustrarlo. Yo (Rich), ¿amo a mi hija, Michelle? Puedes estar seguro de eso. Cuando tenía tres años de edad, nos divertíamos muchísimo caminando juntos. Quería que viera las cosas sorprendentes de la creación de Dios que quizás no podía ver por sí misma. Ya fueran hermosas flores que recojíamos juntos para su mamacita u hormigueros que pateaba para mostrarle lo que estaba adentro, ambos nos deleitábamos en nuestros momentos juntos.

Pero cuando caminábamos, la llevaba de la mano. ¿Por qué? Porque había rocas con las que podía tropezar y áreas pantanosas en donde podía resbalarse. También había autos que podían arrollarla de apartarse de mi mano e irse a la calle. Además, ¡simplemente era divertido ir de la mano con ella!

¿Amo a Michelle lo suficiente como para dirigirla y guiarla? ¿Me preocupo lo suficiente como para protegerla y mostrarle mis anhelos en cuanto a ella? ¡Es mejor que así lo creas! Bueno, si soy capaz de hacer eso con tanto amor y deleite, ¿cuánto más puede hacer el Dios que *es* amor?

Mira, la *voluntad* de Dios para nosotros siempre nos es revelada en el contexto de la *relación amorosa* de Él con nosotros. Y jamás podremos confiar en que Dios nos muestre su voluntad si no traspasamos de una vez por todas el corazón de nuestra duda en cuanto a su amor. Considera estos versículos de la Biblia:

*Porque Cristo, cuando aún éramos débiles, a su tiempo murió por los impíos. Ciertamente, apenas morirá alguno por un justo; con todo, pudiera ser que alguno osara morir por el bueno. Mas Dios muestra su amor para con nosotros, en que siendo aún pecadores, Cristo murió por nosotros (Romanos 5.6-8).*

La cruz de Cristo termina el debate. Cualquier duda en cuanto al amor de Dios por ti y por mí que nos pudo haber acechado necesita ser llevada al pie de la cruz del Calvario. ¿Por qué? Porque Jesús pagó el sacrificio para mostrarnos de una vez por todas que Él (Dios) nos ama.

## Los discípulos también dudaron

Sus discípulos mostraron la misma duda y el pánico que a veces sentimos. Estaban en un bote cruzando el Mar de Galilea cuando vino una terrible tormenta. Aterrados, despertaron a Jesús, que estaba durmiendo en la parte trasera del bote. Gritaron: «Maestro, ¿no tienes cuidado que perecemos?» (Marcos 4.38).

Jesús calmó con rapidez la tormenta, y entonces les hizo dos preguntas a los discípulos que reflejan el meollo del asunto:

*¿Por qué están tan asustados? ¿Todavía no tienen fe?*

¿Es así como te sientes hoy? ¿Estás lleno de temor y duda porque no estás seguro de que Dios te ama lo suficiente como para aquietar las tormentas en tu vida y guiarte de manera segura a su voluntad en la otra «orilla»?

Los discípulos estaban asustados porque Jesús estaba dormido. Pero mientras estuviera en el bote con ellos, estos hombres realmente no tenían nada de qué temer. Lo mismo es cierto para ti, si eres cristiano. Mientras Jesús esté en tu vida, no va a permitir que te hundas. Aprende a confiar en su amor y poder ¡aun cuando *parezca* estar dormido!

¿Te turbas porque tus preocupaciones son muy triviales para Él? ¿Has pensado erróneamente que Dios quiere que «crezcas» y confíes en ti mismo en lugar de confiar en Él?

Nada dista más de la verdad. El crecimiento en Cristo significa una creciente dependencia de Él, no una que disminuye.

El «Día de Acción de Gracias», yo (Rich), estaba en una reunión familiar, y escuché una conversación entre una niña y algunos adultos. La niña había perdido su anillo mientras jugaba en el patio entre las hojas, y estaba muy molesta. El anillo era un regalo de su madre.

Ofrecí mis grandes servicios de detective al sentir la motivación del Espíritu para que ayudara. ¡El detective privado Miller, detective de anillos, al rescate!

Al caminar por el área en donde lo perdió, le sugerí a la niñita que oráramos, ya que Dios sabía dónde estaba el anillo y nosotros no. Oré, en completa confianza: «Señor, por favor, ¿podrías mostrarnos dónde hallar este anillo? En el nombre de Jesús. Amén».

Me emocionaba que esta chica de ocho años tuviera la oportunidad de ver el tierno amor de Dios por ella demostrado ante sus ojos. Le pedí que repitiera los movimientos de sus manos cuando el anillo voló de su dedo. Así lo hizo, y comenzamos a buscar en esa área en general. Pasaron diez minutos. Quince. Nada. Oré silenciosamente: «Señor, por favor, muéstranos dónde está el anillo. Ella necesita saber que la amas».

Veinte minutos. Treinta minutos pasaron. Todavía nada. *Señor, ¿acaso no te importa el anillo de esta niñita? ¡Significa tanto para ella! Vamos, Señor,* le urgía en silencio. Tengo que reconocer que estaba sintiendo enojo y hasta alguna duda para ese entonces. ¿Acaso Dios se preocupaba lo suficiente como para indicarnos dónde buscar?

De pronto se nos acercó un anciano.

—¿Se les perdió algo? —preguntó.

—Sí, su anillo —murmuré sin mirarlo y señalé a la niña.

—¿Puedo ayudar? —preguntó el hombre.

Interiormente pensaba: *Magnífico, Señor. Me enviaste un anciano que probablemente apenas puede ver. Probablemente tiene un pie en la tumba y otro en una cáscara de banana. ¡Eso es simplemente maravilloso!*

—Muy bien —balbuceé.

Y entonces Dios me sorprendió. El hombre fue a la parte trasera de su auto, abrió el maletero, ¡y sacó un detector de metales! Ahora bien, no sé dónde vives, pero en Georgia, EE.UU., las personas casi nunca andan manejando con detectores de metales en los baúles.

Cinco minutos más tarde encontramos el anillo, la niña estaba jubilosa, Dios fue glorificado, y yo fui humillado.

Luego reflexioné acerca de lo sucedido. Más o menos «felicité» a Dios por haber respondido. Le dije: «Señor, eres buena gente. Esa niñita necesitaba saber que te preocupabas lo suficiente como para ocuparte hasta de una cosa tan pequeña como un anillo perdido».

La impresión de Dios en mi mente era indiscutible: «No, Rich, *tú* necesitabas saber que me preocupa bastante». Y así fue. Y apuesto que así es contigo.

Sospechamos que tienes algunos relatos como este, en donde Dios te mostró de manera clara cómo se ocupa de ti. Entonces, ¿podrías concluir con nosotros que, basado en la muerte de Jesús en la cruz hace dos mil años, en otros relatos bíblicos, y en la obra actual de Dios en tu vida, que realmente te ama? De ser así, entonces estamos listos para ocuparnos de la siguiente pregunta: ¿Acaso puedo conocer verdaderamente su voluntad para mí?

Por favor, ora con nosotros:

*Querido Padre celestial, gracias por probarme tu amor al enviar a Jesús a morir por mí. Gracias por las maneras en las que has obrado de modo específico en mi vida para confirmar ese amor. A medida que aprendo las maneras en las que revelas tu voluntad en mi vida, ayúdame a permanecer en ese amor inalterable como un fundamento seguro. Ayúdame a estar confiado de que me mantendrás en tu sendero mediante el Espíritu Santo. En el nombre de Jesús. Amén.*

## Parte 1

# Instrucción falsa

Capítulo 2

# La búsqueda de la verdad en los lugares equivocados

Mientras hablaba (Neil) con un grupo de universitarios, pude sentir que uno de los héroes locales no aceptaba lo que decía. En lugar de ignorarlo, ya que estaba distrayendo al grupo, le pregunté qué era lo que creía.

—Creo en esto —respondió colocando su brazo alrededor de su novia—. Sólo puedo creer en lo que veo, siento, escucho y toco.

Le pregunté si tenía cerebro.

—Seguro que sí —respondió.

—¿Lo has visto, sentido, escuchado o tocado? —lo interrogué.

—Sé que esta ahí porque siento su efecto —dijo con confianza.

Le dije:

—Mira a tu alrededor, y verás el efecto de la mano de Dios por dondequiera.

Entonces, un alma tímida de otra esquina del aula entró en nuestra discusión.

—Creo que es tonto discutir acerca de lo que es cierto —comenzó—. Creo en todas las religiones. Simplemente cierro mis ojos y Dios se me revela. Todos podemos ser uno con Dios si permitimos que nuestras mentes sean iluminadas.

Era el mismo salón de clases, pero habían maneras completamente opuestas de ver a Dios y al mundo. El primer punto de vista «científico» del muchacho se llama *racionalismo occidental*. El punto de vista del segundo muchacho, «sintonízate y enciéndete», se llama *misticismo oriental*. Y ambas maneras de mirar la vida distan mucho del camino de Dios.

Muchos adolescentes actualmente aceptan uno de estos errores. ¿Cómo sucedió eso? ¿Cómo es que nos hemos apartado tanto como nación de la manera bíblica de ver las cosas? No debería sorprendernos ver la resbalosa mano de Satanás, el dios del mundo, tras este cambio de una vida centralizada en Dios. Desde el principio del tiempo el diablo ha tratado de convencer a la gente de que realmente no necesitan a Dios.

## El acercamiento occidental

Una de las filosofías más populares de Satanás se llama el *humanismo secular*. La parte *secular* de ese término tiene que ver con las cosas de este mundo en oposición a las de Dios. La parte *humanista* tiene que ver con el ser humano creyéndose capaz de dominar su destino sin Dios.

La filosofía del humanismo secular elimina todas las cadenas de la superstición y la religión, y promueve la idea de que el ser humano, por sí mismo, puede vivir una vida buena y satisfactoria. Sin embargo, hay un gran problema con esa manera de pensar. *¡Es errónea!*

Esa es la gran mentira que Satanás hizo que Adán y Eva se tragaran en el huerto del Edén. «¡Serás como Dios!» mintió Satanás. Y ya sabes lo que pasó cuando mordieron ese engaño: Toda una caja de Pandora con maldad, enfermedad y muerte vino al mundo.

Verás, sin Dios como «Estrella del norte» de nuestra navegación a través de la vida, vagaremos interminable e inútilmente en un océano carente de significado y desesperación. Si los humanos sólo somos el resultado de una coincidencia de millones de años de reacciones químicas (la evolución) y no somos creados a imagen de un Dios amoroso y viviente, ¿qué esperanza tenemos?

De todas formas, ¿cómo surgió esta idea de un «Dios innecesario» en nuestra sociedad? Bueno, a medida que comenzamos a avanzar mucho, mediante la ciencia, en conocimiento y tecnología, empezamos a poner nuestra esperanza de salvación en la ciencia en lugar de en Dios. Nos enamoramos de las cosas que podemos hacer con nuestras manos y perdemos nuestro profundo sentido de necesidad de Dios.

Y puedes ver cómo sucedió eso: A medida que descubrimos curas a las enfermedades, medios para explorar el espacio exterior, y maneras de comunicarnos globalmente, nos impresionamos abrumadoramente con nuestras habilidades. ¿Y qué nos haríamos sin los maravillosos beneficios de los autos, los teléfonos, la medicina, las computadoras, y la televisión (¡bueno, cuatro de cinco no está mal!)? Nuestras vidas han sido profundamente cambiadas y mejoradas por innovaciones científicas, así que no es sorprendente hallar que muchas personas llegan a creer que la ciencia es «el camino, la verdad, y la vida».

Depender estrictamente de la observación para descubrir la verdad se llama *empirismo*. Esta filosofía dice que mediante la observación en un medio ambiente controlado, puedes encontrar todo lo que necesitas saber. Simplemente analizas tu información y llegas a conclusiones racionales.

Pero, ¿es eso cierto en todos los casos? Por ejemplo, ¿puede escudriñar y analizar al *amor* bajo un microscopio? Oh, oh. ¡Créalo o no!, algunas personas piensan que el amor es sólo una función de químicos y neuronas en el cerebro ¡Qué romántico!

Verás, lo que podría resultar de manera maravillosa para el análisis o la predicción del comportamiento de las moléculas de hidrógeno y oxígeno en una probeta fracasa de manera miserable con asuntos del corazón humano.

¿Por qué? Bueno, el método científico o empírico fue desarrollado en base a las ciencias naturales (como la química y la física). Estas son, en realidad, leyes precisas (que Dios creó) que determinan cómo interactúan las moléculas y los átomos durante experimentos controlados. Pero las ciencias sociales (como la sociología y la sicología), que examinan las acciones y las reacciones humanas, no son tan precisas.

Es posible, por ejemplo, predecir basado sencillamente en la observación y el análisis ¿cómo reaccionará una persona al ser sujeta al abuso sexual? No.

Aparte de eso, la idea de Dios como Creador amoroso ¿es algo que podemos probar o predecir en un laboratorio? Él ha revelado mucho de sí mismo en su Palabra, pero dista mucho de ser científicamente predecible o explicable. Él es el Rey que está sentado en su trono. Hace lo que le place. Actúa y gobierna bajo su autoridad.

Nuestro adversario, el diablo, también es imprevisible y difícil de estudiar. Y Jesús nos dijo que era un mentiroso y el padre de mentiras. Aun si decidiera ser entrevistado por Barbara Walters, no podrías creer ni una palabra que diga. Es engañador por naturaleza.

El mundo espiritual no puede explorarse simplemente mediante la observación y la experimentación. No estamos diciendo que el método científico sea *malo*; decimos que es *inadecuado* para explicar toda la vida en este mundo y el más allá. Necesitamos una perspectiva espiritual.

Un gran problema al tratar de sacar conclusiones sin la ayuda de Dios es nuestra falta de objetividad. Todos somos influenciados por nuestra familia, la cultura, la educación, y la experiencia personal, al punto que no podemos ser totalmente objetivos. Vemos la vida a través de un filtro, coloreado por nuestro conocimiento (¡o ignorancia!) y experiencia.

Sin embargo, el verdadero conocimiento y la verdadera sabiduría requieren una relación con Dios y la habilidad de ver las cosas desde la perspectiva de Él. «El principio de la sabiduría es el temor a Jehová... [e] inteligencia» (Proverbios 1.7; 9.10).

La ciencia es el estudio del mundo natural que Dios creó. Esto es bueno y necesario. Pero necesitamos interpretar toda *investigación* en la pura luz de la *revelación* de Dios, no al revés. Nuestra investigación precisa nos puede mostrar lo que es. La revelación de la verdad de Dios (la Biblia) nos dice *por qué* es, lo que debe ser, y lo que llegará a ser.

El asunto es que, no importa cuánto nos enorgullezcamos de ser inteligentes o de estar en lo correcto, nuestra capacidad para pensar y sacar conclusiones es limitada severamente por tres cosas:

1. Jamás podemos estar seguros de que tenemos todos los hechos necesarios.
2. Jamás podemos estar seguros de que estamos interpretando correctamente los hechos, porque no podemos escapar a nuestros prejuicios personales.
3. Jamás podemos estar seguros (sin la revelación de Dios) de cuáles serán los resultados de cualquier curso de acción que elijamos.

lo tanto, necesitamos desesperadamente la dirección de lo Dios lo sabe todo. Sólo Dios puede decidir con iduría, libre de cualquier influencia corruptora, nosotros no podemos. Dios *solo* conoce los beneficios o las consecuencias de cualquier acción que decidamos tomar.

Isaías escribió estas palabras mientras Dios le revelaba una verdad que todos necesitamos recordar a diario:

> *Porque mis pensamientos [los de Dios] no son vuestros pensamientos, ni vuestros caminos mis caminos, dijo Jehová. Como son más altos los cielos que la tierra, así son mis caminos más altos que vuestros caminos, y mis pensamientos más que vuestros pensamientos. (Isaías 55.8-9)*

Podría ser humillante reconocer eso, pero también es muy liberador.

Ya no estamos forzados a vivir sólo mediante nuestra astucia, ni tenemos que tratar de adivinar lo que Dios quiere; podemos saberlo. ¿Cómo? ¡Llegando a depender más y más de Dios y permitiéndole que nos guíe mediante el Espíritu Santo y la Palabra! Él se deleita al revelar su voluntad y al revelarse a sí mismo a los que se quiten su orgullo y reconozcan que lo necesitan, como escribió el apóstol Pablo:

> *¿En qué pararon el sabio, y el maestro, y el que sabe discutir sobre cosas de este mundo? ¡Dios ha convertido en tontería la sabiduría de este mundo! Dios en su sabiduría, dispuso que los que son del mundo no le conocieran por medio de la sabiduría humana; antes bien, prefirió salvar por medio de su mensaje a los que confían en Él, aunque este mensaje parezca una tontería. (1 Corintios 1.20-21,* Dios habla hoy*)*

## Un acercamiento oriental

Si viviste en India o China, es posible que hayas crecido c una perspectiva completamente diferente de la vida a l tenemos aquí en occidente. Las religiones del hindu budismo y el taoísmo buscan la llegada de la ve mediante la intuición, el sentimiento y la impresión que mediante la ciencia y la razón.

Es más, los que apoyan el misticismo oriental ven la mente como el principal obstáculo a la iluminación espiritual. De acuerdo a esta filosofía, la mente debe ser ignorada para que se conozca la verdad. He aquí un ejemplo de la enseñanza del gurú Maharaj-Ji:

> La ignorancia sólo se crea en la mente, y la mente guarda el secreto de que eres algo divino. Por eso es que primero tienes que domesticar la mente. La mente es una serpiente, y el tesoro está tras ella. La serpiente yace sobre el tesoro, así que si deseas el tesoro, tendrás que matar a la serpiente. Y matar la serpiente no es trabajo fácil.

Podrías decir que los místicos orientales están tratando de «salirse de sus mentes». Y como podrás inferir del gurú, ¡algunos han logrado justamente eso!

El primer paso hacia el conocimiento espiritual, dicen ellos, es ignorar todo lo que tu mente está tratando de decirte. Una vez que hayas hecho eso (mediante el yoga y las técnicas de meditación), puedes comenzar a conectarte con «la mente universal». El problema es que es más probable que te conectes con el dios de este mundo (Satanás) que con el Dios de la Biblia. Mira, Dios trabaja mediante tu mente, mientras que el diablo trata de desviarse de ella.

El mercado estadounidense ha sido inundado, con gran éxito financiero, con todo, desde la meditación trascendental (TM, por sus siglas en inglés) hasta el control mental Silva. Sin embargo, la mayoría de los estadounidenses se sienten realmente nerviosos en cuanto a poner sus cerebros en neutro. Temen perder demasiado control. Y así, entramos al movimiento de la Nueva Era con su acercamiento que utiliza sólo «una mente medio vacía».

Según los seguidores de la Nueva Era, la mente es la parte nuestra que necesita alcanzar «conciencia cósmica». La mente necesita percatarse de su unicidad con el supremo, poder creativo del universo, o así dicen los promotores de la enseñanza de la «ciencia de la mente».

La ciencia de la mente es como el cereal *Grape Nuts* [Nueces de uva], sabes, esa cosa crujiente que no son ni uvas ni nueces. ¡La ciencia de la mente ni es *científica* ni le debes prestar *atención* alguna! Los seguidores de la Nueva Era están muy equivocados al decir que creamos nuestro mundo propio a través de lo que pensamos. Sólo Dios puede hacer eso.

Entonces, el movimiento de la Nueva Era es una manera incorrecta de entender la realidad. Apela a las personas que están hartas de la religión organizada, gente que desean la libertad de escoger y elegir lo que creen, sienten y hacen. No hay compromisos con los seguidores de la Nueva Era. Puede continuar acostándose con todo el mundo, ganarse todo el dinero que su pequeño y codicioso corazón desee, y hacer cualquier otra cosa que quiera, y nadie va a decirle que es malo.

Atractivo, ¿verdad? Seguro, hasta el día que se dé cuenta que las cuerdas que una vez le ataban a Dios y a la moral han sido reemplazadas con cadenas... al dios de este mundo. Ciertamente ha elegido su destino y está lleno de destrucción.

¿Cuáles son algunas de las principales cosas que los seguidores de la Nueva Era tienen en común? Lo primero es el *monismo*, la creencia de que todo es uno y uno es todo. Ese es el acercamiento de los tres mosqueteros a la religión. Dice que todos nadamos en un gigantesco océano cósmico (¡creo que como un montón de gotas!). Supuestamente todos los problemas de la humanidad vienen por no llegar a percibirnos como parte de una fuerza unida y singular.

De acuerdo con el monismo, el pecado no es la rebelión humana contra Dios sino más bien la caída del ser humano en la ignorancia. Por lo tanto, aceptar la salvación no es ser restaurado a la vida espiritual por la gracia de Dios, sino llegar a ser iluminado acerca de nuestra unidad cósmica.

Satanás trata de falsificar todo lo que Dios hace, y el monismo es su intento de falsificar la unidad, la cual Jesús definió en Juan 17.21. La verdadera unidad sólo es posible cuando las personas son unidas en Cristo, andando en la luz de la verdad de Dios y amándose los unos a los otros por el poder del Espíritu Santo.

Una segunda creencia común de los seguidores de la Nueva Era es el *panteísmo*, la creencia de que todo es Dios. Viene naturalmente de la creencia de que ya que todo es uno (incluyendo a Dios), entonces todo debe ser Dios. Jamás sabré por qué a nadie se le ocurrió que ya que todo es uno (incluyendo a las babosas), entonces todos deben ser babosas.

Según esta creencia, «Dios» se convierte en una fuerza impersonal (estilo *Guerra de las galaxias*) que ocupa toda la creación (árboles, cucarachas, personas, lo que quieras). Dios es más «eso» que «Él».

El tercer aspecto común entre los de la Nueva Era es un *cambio en la conciencia*. (¿A qué? ¿La *in*consciencia?) Este paso es obvio. Si todo es uno y todo es Dios, yo soy Dios, ¿verdad?

Y una vez que arribo a esta gran revelación, ha ocurrido un cambio en mi conciencia, al cual se le denomina como «el estado unitario»,* la autorrealización, la autorrealización de la divinidad, la iluminación o la sintonización.

El término *renacido* es usado ocasionalmente por los segui-

---

* Nota del traductor: Interpretamos el concepto sajón de *at-one-ment* como «estado unitario» porque vemos reflejada en esta frase el significado original del término en su contexto dentro de la filosofía del movimiento de la Nueva Era. Con esa frase se expresa la meta aparente y subyacente de muchas de sus enseñanzas en donde el «todo» universal se hace «uno» en ese mismo «todo». Este juego de palabras en el original inglés se deriva de la palabra *atonement* que significa expiación. De ahí que los autores originalmente llamen la atención a la falsificación del concepto bíblico de la expiación mediante el juego de palabras con el término original de parte de los seguidores de las enseñanzas de la Nueva Era.

dores de la Nueva Era para describir esta experiencia de la autorrealización del «parecido a Dios». Esto es una falsificación de la conversión. Jesús usó el término *renacido* para describir el nacimiento espiritual que ocurre mediante la obra del Espíritu Santo cuando una persona pone su fe en la obra salvadora de Cristo. En realidad, ¡ser verdaderamente «nacido de nuevo» implica percatarse de que uno *no* es Dios y Jesús sí lo es!

El cuarto factor principal que ata a los seguidores de la Nueva Era es el *optimismo cósmico evolutivo*. Pudieras decir: «¿Qué qué?» Bueno, en resumidas cuentas, sus creyentes creen que está amaneciendo la Nueva Era (de Acuario) en la cual el mundo se unirá bajo un gobierno mundial.

¿Podrías imaginarte a cientos de millones de personas *que se creen Dios* uniéndose? ¡De ninguna manera! ¿Te imaginas las discusiones acerca de quién *verdaderamente* está a cargo? Eso no sería el cielo; ¡eso sería el infierno!

La Biblia nos dice que un día Jesucristo vendrá y gobernará las naciones con una vara de hierro (Apocalipsis 2.27). Los seguidores de la Nueva Era esperan un reino que, en realidad, es falsificado, un reino de esclavitud al príncipe de las tinieblas.

La quinta creencia de los creyentes en la Nueva Era es que *pueden crear su realidad propia*. Están convencidos de que pueden determinar la realidad mediante sus creencias, así que al cambiar lo que creen, pueden cambiar sus vidas y al mundo. Por ejemplo, un seguidor de la Nueva Era podría creer ser aceptado en una universidad en particular simplemente mediante la visualización de los sucesos en su mente.

Bajo este sistema, ya no se define al bien y al mal mediante una medida absoluta como la Biblia. El bien y el mal simplemente se convierten en lo que el seguidor de la Nueva Era quiera. ¿Puedes ver el caos total en la sociedad si la mayoría de las personas vivieran de esta manera? Sería imposible aplicar las leyes porque la gente no se pondría de acuerdo en cuanto a qué podría considerarse como un crimen. ¡Realmente me hiela pensar en eso!

La sexta y última área que une a los seguidores de la Nueva Era (aunque generalmente desconocen esto) es que se *ponen en contacto con el reino de las tinieblas.*

Aunque los creyentes en la Nueva Era cambian el término *medium* a *canalista* y *demonio* a *guía espiritual,* la fuente de poder a la cual acuden es satánica. Los seguidores de la Nueva Era, al consultar canalistas y guías espirituales para obtener consejo y conocimiento, son como ratones ciegos que entraron justamente en la trampa del gato, inconscientes de la amenaza mortal que tienen frente a ellos.

Hace poco yo (Neil), recibí una llamada de una dama que estaba preocupada por el resultado de las cosas en un pequeño grupo al cual estaba asistiendo. El grupo había empezado bastante inocente y al mismo asistían, supuestamente, mujeres cristianas. Sin embargo, una de ellas comenzó a funcionar como médium, comunicando mensajes desde el reino espiritual. Las mujeres pensaron que estaban escuchando algo de parte de Dios.

Grabaron seis horas de cintas videográficas y transcribieron las reuniones en casi cien páginas. Durante esas seis horas, la médium mostró cinco personalidades. El grupo estaba convencido de que escuchaban algo de parte de Dios, Jesús, el Espíritu Santo, y dos ángeles.

La mujer que hacía de médium luego fue identificada como incrédula. Esto era muy evidente en sus acciones. En la cinta, sus ojos se iban hacia atrás mientras caía en un estado de trance, lo cual debió servir como señal de advertencia al grupo. Y en un momento una voz dice a través de ella: «Mañana va a nevar». Me sorprende que cuando no nevó el día siguiente, ¡el grupo no pudo ver que fueron tan tontos como un muñeco de nieve!

## ¡Auxilio!

Entonces, ¿dónde está la verdad? En alguna parte entre los extremos del racionalismo occidental y el misticismo oriental.

Jesús afirmó definitivamente: «Yo soy[...] la verdad» (Juan 14.6). Dios decidió revelarnos la verdad mediante la revelación directa (la Biblia). A medida que nos expongamos a la Palabra de Dios, Él llenará nuestras mentes con la verdad y nuestros corazones con amor y gozo.

Nuestro mundo necesita desesperadamente la verdad, el amor, y el gozo. La Biblia nos dice que podemos conocer *todas las cosas*, empero no somos *nada* sin amor (1 Corintios 13.2). La Escritura nos enseña que «el conocimiento envanece, pero el amor edifica» (1 Corintios 8.1). ¿Cuál necesita más el mundo?

Hasta hace poco estuve (Rich) motivado por la necesidad de estar en lo correcto. Ganar me importaba más que el trato que le daba a mis oponentes.

Entonces un día Dios me habló de manera poderosa mediante el último versículo en 1 Corintios 13 que dice: «Y ahora permanecen estos tres: la fe, la esperanza, y el amor. Pero el mayor de ellos es el amor». Dios me mostró que no estaba viviendo como si el amor fuera el mayor. Estaba lleno de una tremenda cantidad de conocimiento, ambición y motivación, pero al andar en el camino, herí a las personas que estaban en desacuerdo conmigo.

Ahora le pido al Señor que me convierta en un amante de la gente. Quiero servirle a otros, y no a mi propio deseo. Y mediante su gracia, está comenzando ese proceso. Verás, a las personas realmente no les importa cuánto uno sabe hasta que sepan cuánto se preocupa uno por ellos.

Jamás se suponía que el conocimiento fuera un fin en sí mismo. Si toda nuestra *manera correcta de pensar* no nos lleva a *amar a* Dios *de forma radical* y así mismo amar a las personas, realmente no somos nada.

En la Escritura el equilibrio es claro. Ella es la verdad que nos libera (Juan 8.32), pero la verdad no es simplemente una idea sino una persona, Jesús. Éste explicó que si el *Hijo* nos libera, seríamos verdaderamente libres (Juan 8.36). Y la libertad comienza cuando sometemos nuestras *mentes* a la verdad.

Cualquier deseo o plan para hallar la voluntad de Dios debe comenzar y terminar con Jesucristo. No hay atajos ni desvíos alrededor suyo. *Él es el camino*. Jesús es la revelación definitiva de Dios, la Palabra misma de Dios. *Él es la verdad*. Todo intento de encontrar significado, felicidad, propósito o satisfacción en nuestras vidas sin Jesús sólo lleva a callejones sin salida. *Él es la vida*.

Debemos llegar a conocer, creer, y vivir de acuerdo con estas sabias palabras del más sabio entre todos los sabios, Salomón: «Fíate de Jehová de todo tu corazón, y no te apoyes en tu propia prudencia. Reconócelo en todos tus caminos, y él enderezará tus veredas» (Proverbios 3.5-6).

Cuando recibimos a Cristo por fe, somos arrebatados para siempre del dominio de las tinieblas e introducidos al reino de la luz. Sin embargo, aunque todos somos uno en Cristo, no somos todos iguales.

Algunos cristianos luchan para estar en lo correcto y sólo buscan sabiduría y conocimiento. Otros buscan la realidad y el poder y operan de manera más emocional. Ambos hacen falta en tu grupo de jóvenes y en tu iglesia.

La Biblia dice que debemos vivir en armonía los unos con los otros (1 Pedro 3.8)., En la música, las distintas notas unidas producen un sonido mucho más hermoso que una sola. Lo mismo ocurre a las relaciones. Si podemos llegar a amarnos y apreciarnos los unos a los otros y procurar aprender los unos de los otros, ¡comenzaremos a ver la expresión plena de la belleza y el poder de Dios!

¿Quieres conocer la voluntad de Dios? Entonces pídele que produzca en ti el equilibrio que sólo Él puede crear. Verdadero *y* real. Amante *y* sabio. Celoso *y* lleno de conocimiento. Claro *y* compasivo. Esa es la voluntad y el deseo de Dios para ti. Si éste también es tu deseo, ¿podrías orar con nosotros?

***Querido Padre celestial, tus caminos y tus pensamientos son mucho mayores que los míos, tanto que jamás te***

*conoceré a ti o a tu voluntad a menos que te me reveles. Eso es lo que más anhelo, más que ninguna otra cosa. Hoy decido dejar de tratar, a solas, de ver quién eres y qué quieres para mí. Elijo confiar en ti con todo mi corazón y no descansar en mi habilidad de pensar o adivinar o sentir o imaginar. Gracias por tu Palabra, la cual es verdad, y la cual el Espíritu Santo usará para llevarme a la Verdad, el Señor Jesús. Que me uses para tocar las vidas de aquellos que me rodean y están atrapados en las mentiras del diablo. Ahora elijo andar contigo como Señor mío. Amén.*

Capítulo 3

# El diablo te odia y tiene un plan terrible para tu vida

Durante el año pasado yo (Rich), tuve el gozo de llegar a conocer a Juan. Él me reveló que cuando era joven, se había acostado todas las noches, por casi cinco años, escuchando un programa radial de horror. ¡Durante ese tiempo comenzó a «escuchar» una voz en su cabeza que le decía anticipadamente cuándo sonaría el teléfono y quién estaba llamando! Es entendible que Juan creyera que eso era bueno. A medida que pasó el tiempo, la voz de su mente se fortaleció, ofreciéndole frecuentemente consejos útiles antes de salir de la casa.

Como lo que la voz le decía la mayor parte del tiempo era bueno, Juan llegó a pensar que era Dios hablándole. Pero a veces la voz también lo hacía sentir indigno e inútil. Y llegó a creer que así era como Dios se sentía en cuanto a él.

A medida que la voz continuó expresando el «rechazo de Dios» hacia Juan, éste se aferró tanto al temor, a la inseguridad y al enojo que ya no podía funcionar. De una u otra manera reconoció que la «voz de Dios», de la cual había dependido por tanto tiempo, era en realidad un guía espiritual (demonio) pretendiendo ser el Espíritu Santo.

Como resultado de seguir *Los pasos hacia la libertad en Cristo*, Juan, al principio y con gran dificultad, pudo decirle al guía espiritual que se largara. Hoy es un hombre libre, ya no está plagado de miedo, de duda ni de la ira intensa que dominaba su vida. Juan había sido víctima de un espíritu engañador.

A todos nos vendría bien escuchar la advertencia del apóstol Juan: «Amados, no creáis a todo espíritu, sino probad los espíritus si son de Dios; porque muchos falsos profetas han salido por el mundo» (1 Juan 4.1).

Ese gran santo y fundador de la Iglesia Metodista, Juan Wesley, se hizo eco de las palabras del apóstol Juan cuando escribió:

> No le adjudiquen las cosas a Dios con ligereza. No supongan fácilmente que los sueños, las voces, las impresiones, las visiones o las revelaciones son de Dios. Podrían provenir de Él. Podrían venir de la naturaleza. Podrían ser del diablo. Por lo tanto, no creáis en cualquier espíritu, sino probad los espíritus para ver si son de Dios.[1]

¿Acaso Dios realmente no da dirección personal? Absolutamente. ¿Pueden también los espíritus de engaño ofrecernos dirección engañosa? Sí, pueden. ¿Inclusive a los cristianos? Sí. Y he aquí el problema: Satanás finje la manera en la que el Señor nos dirige dándonos falsas impresiones, tratando de

---

1 Knapp, Martin Wells, *Impressions* [Impresiones], Tyndale House, Wheaton, IL, 1984, p. 32.

convencernos de que escuchamos la voz de Dios en nuestras mentes. Y ahí es exactamente en dónde se libra la batalla por el control de nuestras vidas... *en nuestras mentes.*

Esto fue revelado claramente por la investigación realizada por el libro *La seducción de nuestros niños.* Steve Russo y yo (Neil) le hicimos una encuesta a más de 1,700 supuestos estudiantes cristianos de secundaria. En ella:

- Cuarenta y ocho por ciento dijo que experimentaron alguna presencia (vista u oída) en su cuarto, a la cual temían. (¡Y no estamos hablando de su hermanito o su hermanita!)
- Cincuenta por ciento dijo haber tenido malos pensamientos acerca de Dios.
- Casi un tercio dijo que se les hacía difícil concentrarse mientras oraban y leían la Biblia.
- Más o menos dos tercios escucharon voces en su cabeza, como si hubiera un subsconciente hablándoles.
- Casi uno de cada cinco dijo que pensaba acerca del suicidio con frecuencia.
- Más de un 20% han tenido impulsos de matar a alguien.[1]

Estas estadísticas podrían sorprenderte. Pero, podrían aliviarte al saber que no estás solo.

Mientras comunicamos la verdad a la gente que experimenta estos tipos de batallas por sus mentes, se alivian al enterarse de que *no* se están volviendo locos. Están bajo ataque espiritual. Y puedes derrotar al diablo en la batalla por tu mente, ¡porque Cristo ya ganó la guerra!

Verás, si fueras al siquiatra cristiano promedio y le dijeras que estás escuchando voces, él o ella probablemente pensará que estás desvariando. El diagnóstico probablemente será

---

1 Anderson, Neil T. and Steve Russo, *The Seduction of Our Children* [La seducción de nuestros niños], Harvest House, Eugene, OR, 1991, pp. 34-35.

que eres paranoide esquizofrénico o sicótico, y el tratamiento tal vez sería drogas.

Ahora bien, ¿creemos que dos tercios de los adolescentes cristianos en nuestra encuesta son enfermos mentales? ¡De ninguna manera! Más bien, creemos en 1 Timoteo 4.1, que dice: «Pero el Espíritu dice claramente que en los postreros tiempos algunos apostatarán de la fe, escuchando a espíritus engañadores y a doctrinas de demonios».

Así que, ¿quién realmente está desconectado de la realidad, el adolescente cristiano que está bajo ataque por espíritus engañadores o el siquiatra que no cree en el mundo demoníaco? Vamos a dejar que tú y la Biblia respondan a esa.

Los factores más importantes para ser un joven mentalmente saludable son tener una imagen verdadera de quien Dios es y quién eres tú como hijo de Dios. Si una o ambas de estas cosas se distorsiona, tendrás luchas.

Esas batallas, ¿son espirituales, mentales o emocionales? Todas ellas. Dios siempre está presente y muy involucrado en nuestras vidas, y al mismo tiempo, el diablo está tratando continuamente de tentarnos, acusarnos y engañarnos. Así que nuestros problemas siempre son espirituales. Y estos problemas espirituales se muestran mediante la manera en la que pensamos y creemos (mental) y cómo nos sentimos (emocional).

Lamentablemente muchos cristianos son tan ignorantes en cuanto a las artimañas del diablo (como mi amigo Juan al principio de este capítulo) que le prestan atención a los espíritus engañadores en lugar de prestársela al Espíritu de la verdad. Necesitamos conocer de manera desesperada cómo opera Satanás para que podamos defendernos.

## Estrategias de Satanás

Hablemos acerca de la *tentación*. Nuestra carne (esa parte nuestra que todavía hace de las suyas, y no de las de Dios) es tentada con facilidad. El diablo usa las cosas del mundo que nos rodea para tentar nuestra carne. ¿Cómo? Cada tentación de Satanás es un intento de que demos satisfacción a nuestras verdaderas necesidades por cuenta propia y apartados de Dios.

Dios nos promete «suplir todas vuestras necesidades de acuerdo con sus riquezas en gloria en Cristo Jesús» (Filipenses 4.19). Nos metemos en problemas cuando miramos a cualquier otra cosa que no sea el Señor para que se ocupe de nosotros. En mi libro (Neil) *Cómo vivir libres en Cristo,* muestro cómo se satisfacen las necesidades más importantes de nuestras vidas en Cristo.

Satanás también se involucra constantemente en la *acusación.* ¿Se ha llenado tu mente en algún momento con pensamientos como *Soy un tonto, No puedo hacer nada bien, Dios no me ama,* o *No puedo vivir la vida cristiana*?

Advierte que Satanás puede hacer que parezca que los pensamientos provienen de ti (por ejemplo *Soy un idiota*). Según pase el tiempo, de creerlos, se *convertirán* en tus pensamientos, pero la impresión inicial es del diablo. Estas clases de pensamientos jamás son de Dios, que dice:

> *Mas vosotros sois linaje escogido, real sacerdocio, nación santa, pueblo adquirido por Dios, para que anunciéis las virtudes de aquel que os llamó de las tinieblas a su luz admirable; vosotros que en otro tiempo no erais pueblo, pero que ahora sois pueblo de Dios; que en otro tiempo no habíais alcanzado misericordia, pero ahora habéis alcanzado misericordia. (1 Pedro 2.9-10)*

Sin embargo, la táctica más tramposa de Satanás no es ni la tentación ni la acusación. En realidad tú sabes cuándo eres tentado. También sabes cuándo eres acusado. Pero no sabes si estás siendo engañado. Esta es la naturaleza de la estrategia principal del diablo, *el engaño.*

La Biblia revela la razón del engaño de Satanás en 1 Corintios 11.3: «Pero temo que como la serpiente con su astucia engañó a Eva, vuestros sentidos sean de alguna manera extraviados de la sincera fidelidad a Cristo».

El diablo es un mentiroso (Juan 8.44), y siempre procura apartar nuestras mentes de la verdad. ¿Por qué? Porque no quiere que estemos sincera y puramente comprometidos con Jesús. Si puede hacer que nos alejemos de la verdad de la Biblia y nuestra íntima relación con Jesús, Satanás sabe que con el tiempo nos debilitaremos en la fe. No podremos discernir la dirección de Dios y entonces podrá separarnos de la voluntad de Dios. ¿El resultado? Esclavitud. Atrapados por el diablo para hacer *su* voluntad.

Por eso es que necesitas conocer la verdad, porque «la verdad os hará libres» (Juan 8.32). Necesitas andar con Jesús, porque es «el camino y la verdad y la vida» (Juan 14.6). Necesitas ser lleno del Espíritu Santo que es «el Espíritu de verdad», quien te «llevará a toda verdad» (Juan 16.13).

Cuando te pones la armadura de Dios, lo primero que haces es «Estad, pues firmes, ceñidos vuestros lomos con la verdad, y vestidos con la coraza de justicia» (Efesios 6.14). ¡Así que ajústate con el cinturón de la verdad de Dios! No sólo es una buena idea, ¡es la voluntad de Dios!

## No creas todo lo que oigas

Si Satanás puede escurrirse sin ser detectado en tu vida, tu familia, o tu grupo de jóvenes y hacer que creas en una mentira, puede llegar a controlarte. No se lo permitas. Conviértete en un experto en la verdad de la Palabra de Dios. Entonces podrás destruir «fortalezas, refutando argumentos, y toda altivez que se levanta contra el conocimiento de Dios, y llevando cautivo todo pensamiento a la obediencia a Cristo» (2 Corintios 10.4-5).

Una vez asistí (Rich) a una conferencia en donde Neil estaba hablando. Sentado a mi lado estaba una amiga de mi familia. Luego del mensaje de Neil sobre «La batalla por la mente», ella súbitamente dijo:

—¡Eso es mentira!

—¿Qué es mentira? ¿Qué estás oyendo en tu cabeza? —le pregunté.

—Acabo de pensar algo —dijo—, Dios va a tocar todas las vidas en este auditorio excepto la tuya.

—Caramba, qué mentira —repliqué—. Dios te ama tanto como me ama a mí o a cualquiera aquí.

Simplemente al comunicar ese pensamiento engañador y renunciarlo (rechazarlo) en voz alta, Julia (nombre ficticio) obtuvo poder sobre el engaño del enemigo. A medida que hablamos más, llegamos a ver que el diablo le había estado mintiendo de esta manera por años.

Julia no tenía problema en creer que Dios la usaría para tocar a otros. Sin embargo, tenía verdaderos problemas en cuanto a creer que Dios la amaba lo suficiente como para tocar su vida de manera personal. Ahora conoce el amor de Dios en su *corazón* y no sólo en su *cabeza*, y está experimentando su amor a diario.

El engaño puede sucederle a los creyentes más consagrados y sinceros. Pero el poder de la verdad de Dios destruirá las cadenas del enemigo. Simplemente pregúntale a Julia.

## Un cáncer mortal

Quizás el acceso más grande que tiene hoy Satanás a las mentes de los creyentes está en el área de la amargura y la falta de perdón. Lee cuidadosamente las palabras del apóstol Pablo, inspiradas por el Espíritu Santo: «Airaos, pero no pequéis; no se ponga el sol sobre vuestro enojo, ni deis lugar al diablo» (Efesios 4.26-27).

Sentirse airado es una reacción normal al dolor, al rechazo y a la humillación. El temblor y el tembleque que uno siente al enojarse no es pecado. Éste ocurre cuando permitimos que esa ira arda dentro de nosotros. En lugar de dejarla ir, nutrimos el resentimiento y continúa ulcerándose. La ira se convierte en resentimiento. El resentimiento se convierte en amargura y falta de perdón. Y la falta de perdón puede llevar a la venganza.

Jesús nos dijo que necesitamos perdonar de corazón o seremos atormentados (Mateo 18.34-35). Y cualquier persona que haya abrigado la amargura en su corazón conoce la realidad de ese tormento, porque la amargura es como un horrible cáncer en nuestros cuerpos. Si no perdonamos, de una u otra manera nos comerá vivos de adentro para afuera.

Estuve (Rich) hablando con una adolescente acerca de su relación con su papá, que había desertado de la familia cuando ella tenía dos años de edad. Su rostro se endureció, se enojó y se amargó.

«Odias a tu papá, ¿verdad?» pregunté suavemente. Fue como si estuviera hablando con el peñón de Gibraltar. Estaba tan dura como una roca.

Continué: «Nidia, si deseas ser libre, vas a tener que dejar tu ira hacia tu papá y perdonarlo. No hay otra manera».

Y lo que dije es absolutamente cierto. Para algunos, perdonar a otros es sólo una pequeña colina por escalar. No hay derramamiento de sangre, sudor o lágrimas. Para otros es como si estuvieran escalando el Monte Everest, especialmente si hubo abuso severo. Aunque no hay atajos ni túneles a través de esta montaña, Dios promete andar graciosamente con nosotros por todo el camino hasta la cima y hasta el otro lado... en donde está la libertad.

Ese día Nidia no estaba dispuesta a perdonar a su papá. Así que se marchó encerrada aún en la esclavitud de su amargura.

Un año después la volví a ver. Su rostro irradiaba gozo y amor. Su gesto de granito se había marchado.

«Nidia, ¿finalmente perdonaste a tu papá?» Pregunté sonriéndome.

Asintió y se sonrió.

«Y ahora eres libre. ¡Alabado sea Dios!»

El uso de nuestras mentes, el rechazo de las mentiras y los engaños del enemigo, y decidir andar en la verdad es algo por lo cual tú y yo somos responsables. Nadie puede tomar esas decisiones por nosotros. Considera estas Escrituras que enfatizan nuestra necesidad de no llegar a poner nuestras mentes pasivamente en neutro y decidir elegir la verdad:

- Digo, pues, por la gracia que me es dada, a cada cual que está entre vosotros, que no tenga más alto concepto de sí que el que debe tener, sino que piense de sí con cordura, conforme a la medida de fe que Dios repartió a cada uno (Romanos 12.3).
- Hermanos, no seáis niños en el modo de pensar, sino sed niños en la malicia, pero maduros en el modo de pensar (1 Corintios 14.20).
- Por tanto, ceñid los lomos de vuestro entendimiento, sed sobrios, y esperad por completo en la gracia que se os traerá cuando Jesucristo sea manifestado (1 Pedro 1.13).
- Por lo demás, hermanos, todo lo que es verdadero, todo lo honesto, todo lo justo, todo lo puro, todo lo amable, todo lo que es de buen nombre; si hay virtud alguna, si algo digno de alabanza, en esto pensad (Filipenses 4.8).

Muchas de las preguntas que puedas tener acerca de la voluntad de Dios podrían ser contestadas si sencillamente usaras Filipenses 4.8 como prueba. ¿Deseas seguir a Cristo y ser lo suficientemente obediente a su voluntad como para someter tu música, tus hábitos televisivos, las películas, los juegos de video, y el material de lectura mediante la prueba ácida de Filipenses 4.8?

¿Orarías ahora mismo y le pedirías a Dios que ilumine la luz de Filipenses 4.8 en tu vida mental, tus sueños despiertos, y tus conversaciones con las amistades en la escuela y en el teléfono?

A medida que aprendas a mantener tu mente en cosas puras, estarás más alerta en cuanto a los espíritus engañadores. Si te llega un pensamiento a la mente que parece cuestionable, llévalo directamente a Filipenses 4.8 y pídele al Señor que revele sí es cierto, noble, correcto, puro, amante, etc.

Entonces sigue lo que el siguiente versículo en la Escritura te dice que hagas: «Lo que aprendisteis y recibisteis y oísteis y visteis en mí, esto haced; y el Dios de paz estará con vosotros» (Filipenses 4.9).

Si realmente deseamos seguir a Dios, *conoceremos* la verdad y la *obedeceremos*. Entonces encontraremos libertad del control de los espíritus engañadores.

Tenemos dos deseos fundamentales al orientar a adolescentes y adultos: Uno, ayudarlos a conocer quiénes son como hijos de Dios. Y dos, ayudarlos a experimentar libertad y paz mental.

Con estos deseos traté (Neil) de ayudar a una misionera que estaba luchando por mantener su vida unida. Luego de nuestro tiempo juntos, me envió esta carta:

> El margen de tensión e irritación se ha marchado. Me siento tan libre. La Biblia ha sido realmente excitante, estimulante, y más comprensible que nunca antes. Ya no estoy limitada por acusaciones, dudas, pensamientos suicidas, ascsinato, o cualquier otro daño que venga directamente del infierno a mi cabeza. Hay una serenidad en mi mente y en mi espíritu, una claridad de conciencia profunda. He sido liberada... No sólo mi espíritu es más sereno, sino que mi cabeza en realidad se ha aclarado más...
> Mi relación con Dios ha cambiado de manera significativa. Por ocho años sentí que estaba lejos de mí... Deseaba mucho encontrarme con Él, conocer nuevamente su presencia. Necesitaba conocerle como amigo y compañero, no la distante figura autoritaria en la cual se había convertido en mi mente y experiencia. Ahora que estoy libre en Cristo, he visto crecer mi habilidad de confiar y mi capacidad de ser sincera con Él ha aumentado en gran medida. Realmente estoy experimentando el crecimiento espiritual por el cual he estado orando.

¿Quién no desearía esa clase de libertad, gozo, cercanía a Dios? ¿Acaso no es éste tu deseo también? ¿Acaso no quieres ponerle punto final al engaño de Satanás en tu mente y ser librado de sus intentos de controlar tu vida? De ser así, ¿podrías orar con nosotros?

*Querido Padre celestial, gracias porque Jesús vino a liberar a los cautivos. Ya que he aceptado tu gratuito regalo de salvación, sé que soy tu hijo, sentado con Cristo en el cielo. Elijo creer la verdad de que jamás nada podrá separarme de tu amor ni arrancarme de tu mano. Muy dentro de mí, el Espíritu Santo da testimonio de que soy hijo tuyo.*

*Estoy consciente de que llevar todo pensamiento cautivo a la obediencia de Cristo es responsabilidad mía. Así que decido rechazar las mentiras de Satanás y en lugar de ello, Señor, creer en tu verdad. No dejaré que mi mente more en cualquier clase de música, pensamiento, conversación, programa de televisión, juego de video, o cualquier otra cosa que no pase la prueba ácida de Filipenses 4.8.*

*Por favor, perdóname por los momentos en los cuales he cedido a las tentaciones, acusaciones y engaños del enemigo. Perdóname por haber dudado de tu gran amor por mí. En el nombre de Cristo resisto al malo, y elijo andar con Jesús. Amén.*

Capítulo 4

# La profecía hoy: lo bueno, lo malo y lo feo

Una tarde estaba sentado (Neil) en una cafetería esperando que mi hijo terminara la práctica de fútbol. Un joven se percató de que estaba leyendo mi Biblia y me preguntó si estudiaba para ser cristiano. Le dije que hacía tiempo que era cristiano, y le pregunté si alguna vez se había decidido por Cristo. Me dijo que se acababa de convertir en cristiano.

Me contó que dos amigos le dieron una profecía especificando lo que debía hacer con su vida. Estaba atribulado porque las profecías no eran iguales. «¿A cuál debo creer?», preguntó.

«A ninguna», sugerí. Le pregunté si creía que todos los cristianos tenían una relación personal con Dios. Me dijo no estar seguro de lo que eso significaba, así que le expliqué que todos los hijos de Dios tienen acceso a Él. Le dije: «Si Dios quisiera que hicieras algo, ¿acaso no te lo diría?»

La profecía realmente está de moda en estos días. Los cristianos están enamorados del don de la profecía, y muchos anhelan ser conocidos como profetas de Dios. Estos «aspirantes» a profeta están por todas partes, ofreciendo supuestas «palabras del Señor». Algunos hasta comienzan a hablar diciendo: «Así dice el Señor...» Muchas personas temen oponerse a ellos o a lo que dicen por temor a oponerse a Dios mismo. En tu búsqueda de la voluntad de Dios en tu vida, decide cuidadosamente a quién vas a escuchar.

En verdad no queremos tratar de poner a Dios en una caja y decir: «Él jamás trabaja de esa manera», pero también necesitamos ser lo suficientemente valientes como para preguntar asuntos difíciles. Por ejemplo: ¿Hay profetas hoy en día? ¿Existe aún el don de la profecía? ¿Cuáles son las señales de un profeta falso? ¿Cómo puedes discernir la voz de Dios de las falsificaciones?

No hay duda alguna de que este es un asunto importante hoy. Y es indudable que a medida que nos acerquemos al momento del regreso de Cristo, ¡llegará a ser un asunto mucho más crítico!

Jesús mismo le advirtió de manera severa a sus discípulos:

> *Entonces, si alguno os dijere: Mirad, aquí está el Cristo, o mirad, allí está, no lo creáis. Porque se levantarán falsos cristos, y falsos profetas, y harán grandes señales y prodigios, de tal manera que engañarán, si fuere posible, aun a los escogidos (Mateo 24.23-25).*

> Mirad que no seáis engañados; porque vendrán muchos en mi nombre, diciendo: Yo soy el Cristo, y: El tiempo está cerca. Mas no vayáis en pos de ellos (Lucas 21.8).

Jesús aclaró que en los días postreros, el engaño andaría suelto en el mundo, operando en el nombre de Cristo y Dios.

Para que andemos en la verdad y no seamos engañados, necesitamos mirar lo que dice la Palabra de Dios acerca de todo este asunto de los profetas y la profecía.

## Un vistazo al Libro

En al Antiguo Testamento, los que hablaron por Dios se llamaban profetas. Moisés fue uno, como lo fueron Isaías, Jeremías, Ezequiel, y muchos otros. Ellos no decidieron convertirse en voceros de Dios; simplemente fueron llamados por Dios mismo. Por ejemplo, el siguiente es el relato del llamado de Dios a Jeremías:

*Vino, pues, palabra de Jehová a mí, diciendo:*

*Antes que te formase en el vientre te conocí,*
*y antes que nacieses te santifiqué,*
*te di por profeta a las naciones.*

*Y yo dije: ¡Ah! ¡ah, Señor Jehová! He aquí, no sé hablar, porque soy niño. Y me dijo Jehová: No digas: Soy un niño; porque a todo lo que te envíe irás tú, y dirás todo lo que te mande (Jeremías 1.4-7).*

No era un trabajo encantador ser llamado por Dios como profeta suyo. Jeremías obviamente no estaba muy emocionado en cuanto a ser elegido. Y no en balde, muchos de los profetas terminaron siendo golpeados o muertos por su predicación.

Luego del profeta Malaquías, hubo un silencio de cuatrocientos años durante el cual no surgió profeta de parte de Dios. Entonces vino Juan el Bautista, que por lo general es considerado como el último de los profetas al estilo del Antiguo Testamento. Su trabajo era dirigir a la gente a la Palabra de Dios, y no simplemente la Palabra verbal, sino la Palabra viva, Jesucristo. Jesús el Hijo es la Palabra definitiva del Señor, como aclara el escritor de Hebreos:

> *Dios, habiendo hablado muchas veces y de muchas maneras en otro tiempo a los padres por los profetas, en estos postreros días nos ha hablado por el Hijo, a quien constituyó heredero de todo, y por quien asimismo hizo el universo (Hebreos 1.1-2).*

¿Acaso Dios todavía tiene profetas? La mayoría de los eruditos bíblicos creen que la Biblia es un producto terminado, y por lo tanto las personas que escribieron la Biblia, profetas (como en el Antiguo Testamento) y apóstoles (como en el Nuevo Testamento), ya no son necesarias. Cada creyente en Cristo ahora tiene la misma oportunidad de conocer la Palabra y la voluntad de Dios mediante el estudio de la Biblia bajo la dirección del Espíritu Santo.

Desde que la iglesia declaró completa a la Biblia, han surgido muchos falsos maestros y falsos profetas, reclamando tener una «nueva revelación» de Dios.

Joseph Smith (fundador de los mormones) reclamó que se podía encontrar verdad de autoridad similar a la Biblia en otros libros, como *El libro de Mormón*. Charles Taze Russell y otros líderes de la secta llamada Testigos de Jehová han reescrito la Biblia para que se ajuste a su punto de vista en cuanto a Cristo, el juicio, el infierno, y otros asuntos.

El islam, aunque tiene en alta estima a varias personas de la Biblia (incluyendo a Jesús), concluye que ella está llena de errores. Mahoma, según ellos, es el último y más grande profeta de Dios y el Corán es el único libro verdaderamente santo.

Si alguien aparece proclamando una «nueva verdad» o una «nueva palabra del Señor», deben sonar campanas de alarma en tu cabeza y encenderse luces rojas ante tus ojos. Dios está *edificando* su iglesia, eso es cierto, pero el fundamento ya ha sido establecido mediante los apóstoles y los profetas. Jesucristo mismo es la principal piedra angular (Efesios 2.20).

Dios continúa su obra hoy proveyendo pastores/maestros y evangelistas que enseñan y equipan a los cristianos para hacer la obra de Dios en este mundo (Efesios 4.11-13). Su trabajo no es tratar de descubrir cosas nuevas que Dios jamás haya dicho. Su función es tomar lo que Dios ya dijo (en la Biblia) y, bajo la dirección del Espíritu Santo, aplicarla a las circunstancias cambiantes de la vida.

## Un profeta de Dios... ¡Lo dudo!

Como ya dijimos, Satanás trata de falsificar las cosas de Dios. Y como Dios usó a los profetas en el Antiguo Testamento, no debe sorprendernos que el diablo también tenga sus falsos profetas. ¿Cómo le advirtió Dios al pueblo para que reconociera los que son falsos? Deuteronomio 18.21-22 ofrece una prueba muy sencilla para un profeta. Si lo que predijo jamás ocurrió, ese hombre no fue enviado por Dios. ¡Y eso es razonable! Ya que Dios conoce el futuro de manera perfecta, al que envíe a predecir el futuro obviamente estaría en lo correcto.

El pobre tonto que hacía una predicción y fallaba, era apedreado (y no estamos hablando de marihuana). Ni siquiera bastaba un promedio de precisión de noventa y nueve por ciento. Era estar ciento por ciento correcto o ser apedreado a muerte.

Sin embargo, creánlo o no, la función principal de un profeta en el Antiguo Testamento no era predecir el futuro. Era llamar al pueblo al arrepentimiento por sus pecados y por los ídolos (dioses falsos) y regresar al Dios verdadero. Por lo tanto, Dios tenía que darle otra prueba al pueblo para que determinaran si un supuesto profeta realmente provenía de Dios o no, y así lo hizo en Deuteronomio 13.1-3.

*Cuando se levantare en medio de ti profeta, o soñador de sueños, y te anunciare señal o prodigios, y si se cumpliere la señal o prodigio que él te anunció, diciendo: Vamos en pos de dioses ajenos, que no conociste, y sirvámosles; no darás oído a las palabras de tal profeta, ni al tal soñador de sueños; porque Jehová vuestro Dios os está probando, para saber si amáis a Jehová vuestro Dios con todo vuestro corazón, y con toda vuestra alma.*

¿Ves cuán fácil habría sido ser engañado por uno de esos falsos profetas? Eran ostentosos, impresionantes y poderosos. A veces parecían ser capaces de realizar cosas sorprendentes. En momentos de desesperación las personas angustiadas se agarraban de cualquier rayo de esperanza.

Las cosas no han cambiado mucho desde ese entonces. Las personas aún son engañadas con facilidad por cualquier clase de hecho sobrenatural (por ejemplo: una sombra en una pared que se parece al rostro de Jesús o una estatua de María que «llora»), porque erróneamente creen que todo lo «milagroso» debe venir de Dios.

Nada dista más de la verdad. Dios nos advirtió que a los falsos profetas les sería posible realizar señales y maravillas milagrosas. Pero esos impostores son rebeldes de corazón (Deuteronomio 13.5) y procuran apartar a la gente del verdadero Dios y llevarlos a los dioses falsos (demonios). Los «milagros» son la carnada, y la trampa es que el diablo quiere que las personas busquen, en esos falsos dioses, dirección espiritual en lugar de buscarla en el Dios vivo.

Hace años tuve (Neil) un ministerio universitario cerca de Long Beach, California. Otro ministerio cercano creó una gran controversia. Todo el mundo escuchaba acerca de los grandes milagros que realizaban las manos de su joven profeta. Varios estudiantes bajo mi ministerio fueron a los servicios del viernes, que se celebraban en un teatro alquilado. Dios parecía bendecir esa obra mucho más que la mía. Empero, el «profeta», en un momento dado, mudó su ministerio a otra ciudad, y unos años después murió de SIDA como resultado de su manera inmoral de vivir. Muchas personas, incluyendo esos antiguos estudiantes míos, fueron llevados por el sendero incorrecto.

Necesitamos despertar a la realidad de que aumentarán los falsos maestros y los profetas falsos que realizan maravillosas señales a medida que se acerque el tiempo del Anticristo o el inicuo. El resto de los líderes de sectas se parecerán a Winnie-the-Pooh comparados con él. Será la persona más engañadora que jamás haya vivido, como advierte claramente el Nuevo Testamento:

*Inicuo cuyo advenimiento es por obra de Satanás, con gran poder y señales y prodigios mentirosos, y con todo engaño de iniquidad para los que se pierden, por cuanto no recibieron el amor de la verdad para ser salvos. Por esto Dios les envía un poder engañoso, para que crean la mentira, a fin de que sean condenados todos los que no creyeron a la verdad, sino que se complacieron en la injusticia (2 Tesalonicenses 2.9-12).*

Eso es algo fuerte, lo sabemos, pero Dios desea que seamos advertidos. No hay necesidad de asustarse, simplemente hay que estar alerta. No te dejes atrapar por la histeria y la emoción de soñadores y profetas, aun de los que realizan milagros. Déjate atrapar por el gozo de conocer y andar con Jesucristo. Y aléjate de cualquiera que no enseñe la verdad de la Palabra de Dios con humildad.

¿Y qué del don de la profecía del cual habla el Nuevo Testamento en 1 Corintios 14? Vamos directamente a la fuente y veamos cuál es su propósito: «Pero el que profetiza habla a los hombres para edificación, exhortación y consolación[...] el que profetiza, edifica a la iglesia» (1 Corintios 14.3-4).

La función del don de la profecía en la vida de la iglesia es fortalecer los corazones de los creyentes para que regresen a Dios y caminen con Él, sin importar cuán difíciles sean las cosas. Pero hay otra función del don de la profecía, descrita después en el mismo capítulo de la Escritura por el apóstol Pablo:

*Pero si todos profetizan, y entra algún incrédulo o indocto, por todos es convencido, por todos es juzgado; lo oculto de su corazón se hace manifiesto; y así, postrándose sobre el rostro, adorará a Dios, declarando que verdaderamente Dios está entre vosotros (1 Corintios 14.24-25).*

La Palabra de Dios es como un fuego que purifica a la iglesia y como un martillo que rompe el suelo duro y ablanda los corazones de la gente (Jeremías 23.29). Cuando los que tienen el don de la profecía ejercitan apropiadamente su ministerio dirigido por el Espíritu, el pueblo de Dios será edificado y se quebrantará la resistencia de los incrédulos.

Como hemos escuchado de parte de Jesús, los falsos maestros y profetas serán como una plaga creciente en el mundo. Aparte de las maneras antes mencionadas, ¿cómo podemos reconocerlos?

La primera pista para oler a un falso profeta es su vida injusta. Sintonicémonos de nuevo con la advertencia de Jesús:

*No todo el que me dice: Señor, Señor, entrará en el reino de los cielos, sino el que hace la voluntad de mi Padre que está en los cielos. Muchos me dirán en aquel día: Señor, Señor, ¿no profetizamos en tu nombre, y en tu nombre echamos fuera demonios, y en tu nombre hicimos muchos milagros? Y entonces les declararé: Nunca os conocí; apartaos de mí, hacedores de maldad (Mateo 7.21-23).*

Un buen pedazo del libro de 2 Pedro está escrito para desenmascarar a los falsos maestros y profetas. Algunas o todas de las siguientes características serán típicas en aquellos que pudieras encontrarte: codicia, conducta dominante y exageración (2 Pedro 2.3), orgullo y deseo de popularidad en lugar de glorificar verdaderamente (obedeciendo) a Dios (2 Pedro 2.10), y el pecado sexual (2 Pedro 2.13-14).

Además, lo que enseñen no se alineará con la Palabra de Dios, aunque podría ser difícil de distinguir al principio (2

Pedro 2.1). Sin embargo, al final, muchas personas aceptarán la demostración del falsificador y como resultado de su comportamiento pecaminoso y enseñanzas corruptas, será herida la reputación de la verdadera iglesia de Jesucristo (2 Pedro 2.2).

Otra característica de los profetas y maestros falsos es que casi siempre trabajan dentro de la iglesia. No debemos andar acusando de manera sospechosa a nuestros líderes eclesiásticos simplemente porque no nos caen bien, pero debemos reconocer la amenaza verdadera de las marionetas de Satanás infiltrándose en la iglesia:

> *Porque éstos son falsos apóstoles, obreros fraudulentos, que se disfrazan como apóstoles de Cristo. Y no es maravilla, porque el mismo Satanás se disfraza como ángel de luz. Así que, no es extraño si también sus ministros se disfrazan como ministros de justicia; cuyo fin será conforme a sus obras (2 Corintios 11.13-15).*

Estos falsos maestros trabajan en secreto, disfrazados en las sotanas del ministerio. Son como los agentes enemigos que se escurren tras las líneas para sabotear la obra de Dios. Creánlo o no, algunos son fanáticos del satanismo que han sido entrenados para destruir las iglesias desde adentro.

Estas personas, que siempre andan causando divisiones y contiendas, son maestros en lograr que el pueblo de Dios luche entre sí. Y si los cristianos están ocupados batallando entre sí, no tienen tiempo, energía, o deseo de luchar con su verdadero enemigo, ¡Satanás!

Empero otra característica de los profetas y maestros falsos es su corazón rebelde. No pueden soportar a nadie en autoridad (2 Pedro 2.10), y no escuchan a nadie más sino a ellos mismos. Harán todo lo que puedan para arruinar la reputación de los líderes de la iglesia mientras dañan todo lo que los líderes tratan de hacer.

Si pueden escurrirse en el liderazgo, lo usarán como una

usurpación del poder para promover sus ideas y ambiciones. Esto contrasta de forma directa con el Señor Jesús, quien «no vino a ser servido, sino a servir» (Mateo 20.28).

Aunque estés alerta a la realidad de los falsos maestros y profetas, no te vayas a una caza de brujas. No condenes a alguien simplemente porque no te agrada su personalidad o su estilo de predicación o enseñanza. Hemos de *discernir*, pero no juzgar. Necesitamos tener cuidado de no juzgar a otros para que tampoco seamos juzgados (Mateo 7.1-2). Hay muchos creyentes sinceros en Cristo que luchan con el pecado en sus vidas. No son malos; están en esclavitud. Necesitan de nuestros corazones y oraciones.

Tu responsabilidad como joven es «Obedeced a vuestros pastores, y sujetaos a ellos; porque ellos velan por vuestras almas, como quienes han de dar cuenta; para que lo hagan con alegría, y no quejándose, porque esto no os es provechoso» (Hebreos 13.17).

Escoge a tus líderes con cuidado, de acuerdo con la sabiduría y las advertencias ofrecidas en la Palabra de Dios. Luego ora y anímalos sometiéndote a su autoridad. Sin embargo, si lo que enseñan viola constantemente la verdad de la Escritura, tal vez necesitas encontrar otra iglesia.

Si tus padres te lo prohíben, ora para que Dios se mueva en sus corazones a medida que les comunicas tus inquietudes con amabilidad. No les hagas demandas. Sé paciente. Busca otros medios de buena enseñanza cristiana (como libros, casetes, radio), además de tu estudio bíblico. Invierte tiempo con amistades cristianas de manera regular. Dios va a satisfacer tus necesidades espirituales, aun si tus padres no ven las cosas a tu modo.

## Las cinco grandes

He aquí algunas enseñanzas cristianas grandes que creemos deben estar presentes para que una iglesia sea saludable. Hay otras, pero es posible que estas sean las que tengan la mayor posibilidad de que las desconozcan o nieguen los falsos maestros y profetas. Las llamamos «Las cinco grandes», y si son pilares en tu iglesia, ¡probablemente estás en el lugar correcto!

1. Jesucristo debe ser honrado y adorado como Hijo de Dios y como Dios el Hijo.
2. Debe entenderse que Dios existe como un Dios eternamente presente en tres Personas distintas: Padre, Hijo y Espíritu Santo.
3. La crucifixión de Cristo por el perdón de pecados, la resurrección corporal de Jesús de entre los muertos, y su regreso corporal (Segunda Venida) deben ser creídos y enseñados.
4. La Biblia debe sostenerse como la única Palabra de Dios infalible y no ser percibida sólo como parcialmente cierta o corrupta. Ningún otro libro o enseñanza debe ser considerado siquiera al mismo nivel de la Biblia.
5. El camino de salvación debe enseñarse con claridad y total gracia de Dios y sólo a través de la fe en Jesucristo, sin «obras» ni «deberes» añadidos como algo necesario para el perdón de los pecados y la vida eterna.

El equilibrio se encuentra con mayor claridad en 1 Tesalonicenses 5.19-22. Sigue esta instrucción y no errarás: «No apaguéis al Espíritu. No menospreciéis las profecías. Examinadlo todo; retened lo bueno. Absteneos de toda especie de mal».

Y conoce que Dios desea que desarrolles una dependencia creciente de Él, no principalmente en personas, para conocer su voluntad. Él se deleita en ti con un amor fuerte y afectuoso y anhela que conozcas su amor. Y en el contexto de esa relación de amor, te mostrará claramente su sendero. Puedes contar con eso. ¿Cómo lo sabemos? Así nos lo dijo: «Te haré entender, y te enseñaré el camino en que debes andar; sobre ti fijaré mis ojos» (Salmo 32.8).

Con todas las voces reclamando nuestra atención, y con Satanás usando todavía a los falsos profetas para engañarnos, ¿podrías unirte a nosotros en oración para que conozcamos la verdad que Dios desea que conozcamos... la verdad que nos liberará y nos mantendrá libres?

*Querido y amante Padre celestial. Deseo conocerte a ti y a tu voluntad por encima de cualquier otra cosa. Quiero experimentar tu presencia en mi vida y sólo seguirte a ti. No deseo seguir a ningún falso maestro o profeta, ni deseo ningún don falsificado.*
*Te ofrezco cada capacidad espiritual que tengo. Si no viene de ti, la rechazo y confieso mi pecado por no discernir mejor. Gracias por tu perdón. Si lo que he experimentado en mi vida viene de ti, oro que me des el poder y la sabiduría para usar este don para tu gloria.*
*Deseo que sólo tú seas mi Señor y así me comprometo a crecer en mi relación contigo. Elijo desarrollar mi fe en ti mediante el gozoso estudio de tu Palabra. Lléname con tu Espíritu Santo para poder tener la habilidad de satisfacer las necesidades de las personas sufridas que están a mi alrededor. En el nombre de Jesús. Amén.*

Capítulo 5

# Cómo enfrentar el temor directo a los ojos

En un estudio bíblico para familias en nuestra iglesia, estuve (Rich) hablándoles a dos adolescentes acerca de la estrategia de Satanás de intimidar y causar miedo en los creyentes.

«De noche hemos visto una presencia maligna en nuestro cuarto , y estamos aterradas por eso», confesó una de ellas.

Miedo.

Otro hombre, que había sido víctima de incesto cuando tenía cinco años de edad, nos contó a un amigo mío y a mí (Rich) que estaba lleno de miedo y que salía solo en muy raras ocasiones. Los sicólogos dirían que era agorafóbico, es decir, temeroso a salir en público.

Temor.

Es muy común que las personas hablen de tener «ataques de pánico o ansiedad». Esto ocurre cuando un terror inexplicable atrapa a la gente en un abrazo de oso sofocante y no los deja ir.

Miedo.

El miedo es uno de los controladores más poderosos que existen. El miedo al futuro y a la muerte llevan a las personas a consultar espiritistas y canalistas.

El temor al rechazo lleva a los adolescentes a comprometerse con el mundo y a pecar, guardando en silencio su fe en Cristo.

El miedo al fracaso constantemente les mordisquea los talones a los negociantes, los atletas, los estudiantes, y hasta a los ministros, obligándolos a trabajar más fuerte, por más tiempo, y mejor... hasta que se agotan, se queman, o se debilitan tanto que tienen que salirse del asunto.

¿Quiere Dios que seamos controlados por el miedo a la gente, a Satanás, a la muerte, o a cualquier otra cosa? ¡De ninguna manera! El escritor de Proverbios declara: «El malvado huye aunque nadie lo persiga, pero los justos viven confiados como el león» (Proverbios 28.1, *Dios habla hoy*).

El Nuevo Testamento se hace eco de esas palabras cuando dice: «Pues Dios no nos ha dado un espíritu de temor, sino un espíritu de poder, de amor y de buen juicio» (2 Timoteo 1.7, *Dios habla hoy*). Dios desea que andemos con valentía por fe, no tímidamente con miedo.

Es cierto que hay algo así como un miedo saludable. Debemos temer ser golpeados por un auto, por ejemplo, de modo que tomemos las medidas necesarias. ¡No jugamos en medio del tráfico! Esos temores son una parte normal del sentido común dado por Dios.

Pero el miedo que controla nuestras vidas y paraliza nuestro andar por fe en Dios ¡no viene de Él! Es como una transmisión extraterrestre que saca todas las «señales de fe» y toma el control de la pantalla de nuestra mente. Transmite un mensaje que nos roba la fuerza, el amor, y una manera clara de pensar. Los reemplaza con debilidad, egocentrismo y confusión.

El miedo perjudicial nos obliga a hacer lo incorrecto, o impide que hagamos lo que sabemos es correcto. No es nada más que una táctica abusadora de parte directa del abusador más grande de todos, Satanás.

El miedo y la *ansiedad* son parecidos pero diferentes. Las personas se ponen ansiosas en cuanto a algo incierto o desconocido: *¿Aceptará salir conmigo a una cita? ¿Podré ganarme suficiente dinero para pagar la universidad ahora que papá está desempleado? ¿Pasaré la prueba de conductor?* Cosas así.

El miedo, por otro lado, tiene un objeto definitivo. Las personas temen algo o a alguien, como la muerte, las personas, Satanás, las arañas, las serpientes, la comida de la cafetería. Tú entiendes el asunto.

¿Por qué le tememos a ciertas cosas? Primero, porque el objeto está cercano. Segundo, porque es algo que creemos puede hacernos daño. Por lo tanto cada objeto de temor debe ser algo que vemos tanto *presente* como *poderoso*.

Por ejemplo, he visto (Rich) suficientes películas de *Jaws* [Tiburón] y bastantes programas especiales de *National Geographic* como para temerle de manera saludable al gran tiburón blanco. ¡Pero no estoy sentado en mi computadora ahora mismo temblando de miedo por ellos! ¿Por qué no? Porque no hay ninguno a mi alrededor, por supuesto.

Por otro lado, pónganme en el océano (¡especialmente de noche!) y que alguien grite: «¡Tiburón!» y verás superadas todas las marcas olímpicas de natación mientras me dirijo a la orilla. ¿Por qué? Porque de pronto estaría vulnerable, existiría la amenaza real de un ataque de tiburón.

Una vez que salga a la playa (¡y quiero decir *bien afuera* en la orilla!), ¿todavía tendría miedo? ¡Por supuesto que no! Una vez que salga del agua y llegue a la arena, estaría fuera de la presencia de cualquier tiburón... ¡hasta los de *arena*!

Ahora supongamos que fui a un museo natural y en uno de los cuartos hubiera un gran tiburón blanco de 7.62 metros montado en la pared. Imagínate que me le acerque y hasta le meta la mano en su boca. ¿Temería hacer eso? Naturalmente que no. ¿Por qué no? Es obvio, porque está muerto. Aunque está *presente*, no es *poderoso*.

Así que, ¿cómo puedo vencer mi temor al gran tiburón blanco? Quedándome fuera del agua en donde podrían merodear (eliminando su presencia) y limitando mis encuentros cercanos con los que están disecados o en el lado opuesto del cristal de un acuario (eliminando su poder para hacerme daño).

Y esos principios son útiles también en cuanto a cualquier otro temor que tengas. Si puedes eliminar aunque sea uno de estos dos factores, la presencia o el poder, ¡eliminarás el agarre que tiene ese objeto de temor sobre ti!

## Los tres grandes

Hay un trío de objetos de temor que tienden a espantar a la mayoría de las personas. Empero la Biblia nos dice que no les tengamos miedo. Si podemos conquistar nuestro temor en estas tres áreas, podremos andar largo y tendido hacia una vida libre y productiva. Entonces experimentaremos más de la poderosa libertad que Dios tiene para nosotros, libertad para andar con Él y conocer y hacer su voluntad.

Vamos a mirar a cada uno de estos tres objetos principales de temor uno por uno y ver qué dice Dios acerca de ellos.

El primer miedo es el *temor al ser humano*. La Escritura dice que «El temor del hombre pondrá lazo; mas el que confía en Jehová será exaltado» (Proverbios 29.25). El temor a lo que puedan producir las personas fácilmente puede hacer que no hagamos lo que Dios quiere para nosotros. En la secundaria mi (Rich) cuerpo se enloqueció. En más o menos un año, crecí, de más de metro y medio de estatura y 54 kilos, a más de un metro ochenta y... ¡54 kilos! No estaba flaco, estaba esquelético.

A todas partes que iba escuchaba a la gente murmurar (¡aunque se rieran de otra cosa!). Me llamaron de todo lo que te puedas imaginar. Me dolió mucho. Llegó a asustarme tanto el que nadie quisiera que me sentara con ellos durante la hora del almuerzo que evité completamente la cafetería escolar. Traía mi almuerzo a la escuela, buscaba un salón vacío, y almorzaba a solas.

No conocía a Cristo cuando estudiaba secundaria. Me convertí en cristiano en la universidad, y desde ese entonces me liberó de mi temor a las personas a medida que le abrí mi corazón a Él y a su verdad.

¿Cómo hizo eso? Asegurándome su amor y su protección. Jesús dijo en Juan 15.9: «Como el Padre me ha amado, así también yo os he amado; permaneced en mi amor». A medida que he llegado a conocer cuán completa y profundamente soy amado por el Dios que me hizo, más convencido he llegado a estar de mi valor como persona.

La certeza del amor de Dios por mí actúa como un escudo cuando las personas me critican, me rechazan o se avergüenzan de mí. Siempre y cuando sepa que Dios me acepta tal como soy (¡y así lo hace en Cristo!), puedo continuar con la vida, aun en medio del dolor. El Salmo 118.5-8 dice:

*Desde la angustia invoqué a JAH,*
*Y me respondió JAH, poniéndome en lugar espacioso.*
*Jehová está conmigo; no temeré*
*Lo que me pueda hacer el hombre.*
*Jehová está conmigo entre los que me ayudan;*
*por tanto, yo veré mi deseo en los que me aborrecen.*
*Mejor es confiar en Jehová que confiar en el hombre.*

Podrías decir: «¡La gente puede hacerme muchas cosas! Mi entrenador puede sacarme del equipo. Mi jefe puede despedirme. Mis amistades pueden rechazarme. Otras personas pueden esparcir rumores acerca de mí y arruinar mi reputación. ¡Algún asaltante en la calle puede ponerme un cuchillo en la espalda!»

Todas esas cosas *son* posibilidades. Entonces, ¿cómo podemos vencer el temor al ser humano que constantemente procura vencernos? Podemos elegir llegar a ser ermitaños y apartarnos de la *presencia* de la gente, pero entonces ¿cómo podríamos actúar como sal de la tierra y luz del mundo? No, Dios desea que nos quedemos por ahí y amemos a las personas y les mostremos a Jesús.

El secreto para conquistar el temor al ser humano yace en eliminar el *poder* que tiene la gente sobre ti. Viene de hacer de Cristo tu Señor, verlo como tu vida, y darte cuenta de que no importa lo que pase, Él cuidará de ti. El apóstol Pedro se percató personalmente de que, en definitiva, nada tiene importancia fuera de Cristo y lo que decida darnos. Él escribió:

> *Amados, no os sorprendáis del fuego de prueba que os ha sobrevenido, como si alguna cosa extraña os aconteciese, sino gozaos por cuanto sois participantes de los padecimientos de Cristo, para que también en la revelación de su gloria os gocéis con gran alegría. Si sois vituperados por el nombre de Cristo, sois bienaventurados, porque el glorioso Espíritu de Dios reposa sobre vosotros. Ciertamente, de parte de ellos, él es blasfemado, pero por vosotros es glorificado. Así que, ninguno de vosotros padezca como homicida, o ladrón, o malhechor, o por entremeterse en lo ajeno; pero si alguno padece como cristiano, no se avergüence, sino glorifique a Dios por ello (1 Pedro 4.12-16).*

Es más, la Biblia promete que «todos los que quieren vivir pidadosamente en Cristo Jesús padecerán persecusión» (2 Timoteo 3.12). Puedes estar seguro de eso. Pero eso no debe confundirte o sorprenderte. Jesús vivió la vida perfecta y aun así la gente lo rechazó. ¡No debería sorprenderte si te sucede lo mismo! Sin embargo, Dios promete llenarte de un profundo gozo y una paz que te darán la capacidad para soportar (Mateo 5.10-12).

¿Temes testificar de Cristo por temor a que te rechacen o se rían de ti? Debes complacer a Dios y no a los seres humanos.

¿Dios quiere que le lleves las buenas nuevas a un mundo moribundo? Por supuesto. ¿Estará contigo mientras comunicas tu fe? Puedes estar seguro de ello. ¿Puede consolarte si eres rechazado? Es mejor que así lo creas.

Sí, puedes quedarte callado y estar seguro, cerrado en el ataúd de tu propio temor. ¡O puedes salir en fe y romper esas cadenas y ver al Dios Todopoderoso del universo usarte para su gloria! La elección es tuya.

Pedro cedió al miedo del pueblo, ¿verdad que sí? Y conocía el terrible sentimiento de permitir que el temor le robara la fe al negar a Jesús tres veces. Luego aprendió que valía la pena perderlo todo para andar con Cristo, y escribió:

> *¿Y quién es aquel que os podrá hacer daño, si vosotros seguís el bien? Mas también si alguna cosa padecéis por causa de la justicia, bienaventurados sois. Por tanto, nos os amedrentéis por temor de ellos, ni os conturbéis, sino santificad a Dios el Señor en vuestros corazones, y estad siempre preparados para presentar defensa con mansedumbre y reverencia ante todo el que os demande razón de la esperanza que hay en vosotros (1 Pedro 3.13-15).*

El segundo objeto en el trío del temor es el *miedo a la muerte*. Muchas de las horribles y paralizantes fobias que las personas tienen pueden trazarse desde la raíz del temor a la muerte.

¿Es posible escapar a la muerte? No, porque la Escritura claramente enseña que «Y así como todos han de morir una sola vez y después vendrá el juicio» (Hebreos 9.27, *Dios habla hoy*).

No es posible eliminar la *presencia* de la muerte de nuestras vidas. Es más, no tenemos garantías de que estaremos vivos de aquí a un minuto. Sólo Dios sostiene nuestras vidas en sus manos, ¡y no nos va a dejar saber cuánto tiempo nos queda!

Entonces, si vamos a conquistar nuestro temor a la muerte, de una u otra manera, tenemos que eliminar su *poder* sobre nosotros. Y por supuesto, eso se hizo cuando Cristo tomó sobre sí mismo la sentencia de muerte y murió por nuestros pecados en la cruz. Tres días después explotó libre de las cadenas de la muerte y regresó a la vida... para siempre.

El apóstol Pablo estaba consciente de la increíble verdad de que Cristo se levantó victorioso de la tumba. Y eso no es todo, amigos. Debido a que conquistó a la muerte, ¡así hará con todos los que le pertenecen!

Pablo, casi sin poder contener su gozo, escribió:

*Sorbida es la muerte en victoria.*
*¿Dónde está, oh muerte, tu aguijón?*
*¿Dónde, oh sepulcro, tu victoria?*
*Ya que el aguijón de la muerte es el pecado, y el poder del pecado, la ley. Mas gracias sean dadas a Dios, que nos da la victoria por medio de nuestro Señor Jesucristo (1 Corintios 15.54-57).*

Todo el que tiene a Cristo tiene vida eterna (1 Juan 5.11-13), y hasta la muerte misma no puede separarnos del amor de Dios (Romanos 8.38). Es más, para el cristiano, ¡la muerte física llega a ser la puerta a la presencia misma de Cristo!

Pablo dijo: «Para mí, el vivir es Cristo y el morir es ganancia» (Filipenses 1.21). ¿Por qué Pablo podía hacer tal declaración? ¿Acaso morir no es lo peor que pudiera sucederte? No, para el creyente en Cristo, morir es *lo mejor* que pudiera ocurrirle. Porque el cielo es nuestro hogar, y morir es el «regreso a casa» que nos llevará de manera segura a los brazos de Aquel que fue a prepararnos un lugar, Jesucristo.

¿Y qué de ti? Completa esta aseveración:

Para mí, el vivir es _________ y el morir es _________.

Verás, si vives por *dinero*, entonces morir sería una pérdida. Si vives por tu *novia* o *novio*, entonces morir sería una pérdida. Si estás viviendo para el *éxito*, la *popularidad*, los *logros atléticos*, o *cualquier otra cosa aparte de Cristo*, entonces para ti, morir sería una pérdida. Y la expectativa de la muerte ocasionaría miedo.

Si eres cristiano, tu vida está escondida con Cristo en Dios (Colosenses 3.3). Más aún, Cristo *es* tu vida. Por lo tanto, pon tu corazón en las cosas de arriba, en donde está Cristo, no en las cosas terrenales. Cuando al fin resuelvas este asunto, estarás libre del miedo a la muerte. Y aquel que está libre del temor a la muerte finalmente está libre para vivir hoy.

El *miedo a Satanás* es el último del trío. Muchas personas miran películas como *El exorcista* o *La señal* y muchas otras películas mediocres que alquilan por un par de pesos en la tienda local, y temen al diablo.

No hay versículo alguno en la Biblia que instruya al creyente en Cristo a que tema a Satanás. Pero debemos estar alerta, como advierte 1 Pedro 5.7-9: «Echando toda vuestra ansiedad sobre Él, porque Él tiene cuidado de vosotros. Sed sobrios, y velad; porque vuestro adversario el diablo, como león rugiente, anda alrededor buscando a quien devorar; al cual resistid firmes en la fe, sabiendo que los mismos padecimientos se van cumpliendo en vuestros hermanos en todo el mundo».

El león tiene un rugido tan terrible que puede paralizar a su presa. Esa también es la táctica del diablo. Trata de asustarnos para que nos congelemos de miedo en lugar de ser valientes en la fe. Entonces puede envalentonarse ante nosotros.

Un año estuve (Rich) en un proyecto de misiones veraniegas en una área exclusiva de playas. Había mucha rebelión, mentiras y amargura entre algunos de los muchachos. Era una situación mala, y estoy seguro de que el diablo andaba tras todo eso.

No sabía mucho de mi autoridad en Cristo, así que no estaba preparado para el ataque de Satanás cuando llegó. Me levanté en medio de la noche y flotando en medio del aire sobre mi cabeza estaba una cara malvada y burlona. ¡Y tampoco era uno de los adolescentes!

Actúe de inmediato como el buen hombre estadounidense cristiano, fuerte y de sangre roja. Me espanté, me cubrí la cabeza con la sábana, y ¡comencé a orar como un demente! La oración fue un buen comienzo, pero pude haber hecho algo más.

En *Rompiendo las cadenas* ofrecí (Neil) la siguiente ilustración. Cuando joven en la finca, nuestros vecinos tenían un perrito que ladraba mucho y me asustaba muchísimo. Recuerdo un día cuando mi hermano, mi papá, y yo manejamos hasta su finca. Tan pronto como salimos de la camioneta, el perro vino rugiendo por la esquina ladrando como un loco.

¿Adivina a quién persiguió el perro? Aterrorizado, ¡salí corriendo! Encontré refugio en la capota de la camioneta. Mi hermano y mi padre se quedaron junto al perro, que sólo me ladraba a mí. Ni persiguió, ni los molestó a ellos en lo más mínimo. ¿Qué poder tenía ese perro para ponerme en el tope de esa camioneta?

No tenía poder alguno. ¡Era un pequeño perro callejero! El único poder que tenía era el que yo le di. Te diré cómo fue que termine trepado sobre la camioneta. El perro manipuló mi mente, mi voluntad, mis emociones y mis músculos. Mi papá pensó que era un poco vergonzoso. Quería que lo resistiera.

La próxima vez que fuimos a esa finca, me envalentoné y cuando el perro me persiguió pateé una roca hacia él. Me alivié mucho cuando puso el rabo entre las patas y salió disparado.

Qué gran representación de nuestra batalla contra Satanás. Él aparenta ser muy feroz, ¡pero ya fue derrotado y desarmado por Jesús en la cruz (Colosenses 2.13-15)! Mientras vivimos nuestras vidas bajo la autoridad de Aquel que la tiene toda (el Señor Jesús), podemos decirle al enemigo que se marche y tiene que irse. Santiago lo resumió mejor cuando escribió: «Dios resiste a los soberbios, y da gracia a los humildes. Someteos, pues a Dios; resistid al diablo, y huirá de vosotros» (Santiago 4.6-7).

¿Notaste el orden en ese pasaje de la Escritura? Es crucial. *Primero* debes someterte al dominio de Dios en tu vida en un espíritu de humildad. *Entonces* podrás resistir al diablo, y él en verdad se alejará de ti. Sin embargo, si vives en orgullo y no sigues a Jesús como Señor, puedes resistir al diablo hasta que se te ponga azul el rostro y no se marchará. Debí (Rich) confrontar al espíritu demoníaco en mi recámara y ordenarle que se marchara en el nombre de Jesús.

## La palabra A

Quizás te hayas percatado de que antes de que Pedro describiera al diablo como un león rugiente (1 Pedro 5.8), habló acerca de la ansiedad (1 Pedro 5.7). Una de las herramientas favoritas de Satanás es el común desorden sicológico llamado «ataques de ansiedad». En muchos casos no hay un objeto específico al cual temerle, simplemente hay un sentido abrumador de terror. En esas situaciones casi siempre es un ataque demoníaco.

He (Neil) tenido varios ataques de esa índole debido a la naturaleza de mi ministerio. No soy una persona tímida por naturaleza, pero me he despertado de noche con pavor. Como sé qué es lo que está pasando, sé cómo eliminarlo.

La mayoría de las personas tratan de responder físicamente pero no pueden. Los ataques de ansiedad casi siempre se sienten como una intensa presión en el pecho o como algo que te está agarrando el cuello. Debido a que es posible que no puedas moverte o ni siquiera gritar, puedes sentirte abrumado. Aquí no se puede pelear en el poder de la carne, como revela 2 Corintios 10.4: «Las armas que usamos no son las del mundo, sino que es poder de Dios capaz de destruir fortalezas. Y así destruimos las acusaciones» (*Dios habla hoy*).

Entonces, ¿qué hacemos cuando enfrentamos un ataque directo de Satanás? El diablo no puede tocar nuestra identidad medular en Cristo (1 Juan 5.18). Eso es lo que somos. Estamos *en Cristo*, y Cristo tiene toda la autoridad. El Señor Jesucristo es el Comandante en Jefe y nosotros somos sus generales. Debido a su victoria sobre Satanás en la cruz, los poderes demoníacos fueron derrotados y ¡tienen que postrarse ante el Conquistador y Vencedor así como sus tropas!

A medida que sometamos silenciosamente nuestras vidas a Cristo y reconozcamos su señorío, seremos libres para hablar. Todo lo que tenemos que decir es: «¡Jesús!» y el ataque por lo general cesa. Pero tenemos que *decirlo*. El diablo no puede leer nuestras mentes, así que no está obligado a obedecer nuestros pensamientos.

No se puede exagerar este punto de resistir *verbalmente* al diablo. Si hubo una persona que pudo resistir a Satanás con sus pensamientos, habría sido Jesús mismo. Pero en cada ocasión que fue tentado en el desierto, el Señor le *habló en voz alta* a Satanás, citando la Palabra de Dios como se encuentra en el libro de Deuteronomio.

El resultado de esta batalla en el desierto fue que el diablo se marchó, consciente de que fue derrotado. Huyó de Jesús, y huirá de ti si sigues la estrategia de Santiago 4.7.

A Satanás le encanta hacerlo todo en las tinieblas. Dios desea que andemos en la luz así como Él mismo está en la luz (1 Juan 1.7). Cuando una tentación, una acusación o un ataque de miedo de parte de Satanás te llegue a la mente, no te intimides. El diablo quiere que lo mantengas en tu cabeza y te preocupes y le tengas miedo. No hagas eso. ¡Sácalo a la luz! Si estás solo y bajo ataque, dilo en voz alta: «Satanás, eso es una mentira, ¡y la rechazo! Elijo creer en la verdad».

Entonces cita una Escritura que se relacione con el ataque. Sería sabio que memorizaras algunos versículos bíblicos que se relacionen con las áreas débiles de tu vida.

¡El diablo no puede permanecer ante la verdad de la Palabra de Dios pronunciada en voz alta por un hijo de Dios (¡sin importar la edad!) que vive en sumisión a Jesucristo!

La Biblia dice que hemos de temerle solamente a Uno, y ése es Dios mismo. Como dije antes, el temor a Jehová es el principio del conocimiento (Proverbios 1.7) y la sabiduría (Proverbios 9.10). Esa es nuestra motivación para alejarnos del diablo (Proverbios 16.6) y provee un baluarte fuerte de seguridad en la vida (Proverbios 14.26).

¿Qué significa temer a Dios? Significa que lo consideramos con el mayor honor y respeto. Reconocemos que es el Señor, el Santo, tremendo en poder, majestad y gloria. Y estamos conscientes de que el Dios viviente está con nosotros, aquí y ahora y siempre. No significa que le tenemos miedo, como aclara 1 Juan 4.18: «En el amor no hay temor, sino que el perfecto amor echa fuera el temor; porque el temor lleva en sí castigo. De donde el que teme, no ha sido perfeccionado en el amor».

Dios no desea que le tengamos una especie de miedo espantoso, como un perro que teme ser abatido por su cruel dueño. Esa clase de temor implica castigo, dice Juan. Pero Jesús ya tomó sobre sí mismo el castigo y el juicio que nos merecemos. En la cruz dijo: «¡Consumado es!» Por tanto, podemos acercarnos a Dios con valor, no con un miedo cobarde, sino admirando su increíble grandeza. Eso es lo que quiere decir la Biblia cuando habla del «temor a Jehová». Y esa clase de temor es el más saludable de todos.

Ya que Dios está *siempre presente* y es *todopoderoso*, verdaderamente ha de ser temido, como lo dice con claridad el libro de Isaías:

> *Porque Jehová me dijo de esta manera con mano fuerte, y me enseñó que no caminase por el camino de este pueblo, diciendo: No llaméis conspiración a todas las cosas que este pueblo llama conspiración; ni temáis lo que ellos temen, ni tengáis miedo. A Jehová de los ejércitos, a Él santificad; sea Él vuestro temor, y Él sea vuestro miedo. Entonces Él será por santuario; pero a las dos casas de Israel, por piedra para tropezar, y por tropezadero para caer, y por lazo y por red al morador de Jerusalén (Isaías 8.11-14).*

Cuando le temes a Dios de esta manera saludable y bíblica, no eres apartado de Él, ¡sino que eres atraído! Y en ese acercamiento, encuentras que Él es el santuario de todos los otros temores. ¡En verdad el temor a Jehová es el que elimina todos los otros temores de la vida que no son saludables!

Adora a Dios en la admiración reverente de su gloria y majestad. Obedece al Señor, porque es Santo. Elimina cualquier otro dios, porque el Señor es un Dios celoso. Sírvele en amor para que un día puedas escucharle decir: «Bien hecho, siervo bueno y fiel. Entra en el gozo de tu Señor».

¿Deseas conocer la voluntad de Dios para tu vida? Cultiva el temor de Dios en tu vida. Ese es el *principio* de la sabiduría.

## La ayuda viene en camino

Al final de este capítulo encontrarás un método para encontrar las fobias. Contribuirá a señalarte cualquier temor en tu vida y te ayudará a resolverlo. Vamos a repasarlo brevemente para que puedas entender el proceso.

Primero, *analiza tu temor*. Identifica todos los objetos de temor. Pídele al Señor que te muestre qué es lo que te causa temor. Así lo hará. Recuerda, el miedo no viene de Dios, más bien nos ha dado un espíritu de poder, amor y una mente firme (2 Timoteo 1.7).

Pídele al Señor que revele *cuándo* comenzó el temor. El pecado que no ha sido confesado puede darle un escalón al diablo. Por ejemplo, actos de inmoralidad sexual o tener un aborto, cosas que la Biblia dice que son malas, pueden ser la raíz de los ataques de ansiedad. Quizás hubo una tragedia (como una muerte o un divorcio) en tu familia que comenzó un patrón de temor en tu vida. Si el Señor revela cualquier pecado de parte tuya que contribuyó a traer el temor a tu vida, confiésaselo a Dios. No te excuses. Proverbios 28.13 dice: «El que encubre sus pecados no prosperará; mas el que los confiesa y se aparta alcanzará misericordia».

Entonces, *determina todas las maneras en las que el temor, en lugar de Cristo, ha sido tu Señor*. Una vez más, pídele al Señor que te revele la verdad. ¿De qué maneras le has permitido al temor que no te deje hacer lo correcto? ¿En qué formas le has permitido al temor que te obligue a hacer lo incorrecto? ¿Has comprometido tu testimonio por Cristo?

Si tememos a los seres humanos, tomaremos constantemente el camino más fácil, temiéndole a perder el respeto, las amistades, las oportunidades para progresar, y así por el estilo. Quienes elijen esta manera de vivir igualmente encontrarán un día que han perdido todo el respeto, de parte de los demás y de ellos mismos.

Confiesa tu pecado de permitir que el temor te controle en lugar del Espíritu de Dios. Confiesa de manera específica, cualquier pecado de omisión, comisión, o compromiso que te revele mentalmente el Señor. Elije el temor al Señor. Escoge a Cristo como el Señor de tu vida. Haz que Dios sea tu santuario y comprométete a vivir una vida responsable de acuerdo con su voluntad.

Tercero, *prepara un plan de acción responsable.* Pídele al Señor que te muestre cuál es su voluntad para ti. ¿Cómo quiere que andes por fe en lugar de andar con temor? Si es seguro hacerlo, es posible que tengas que enfrentar cara a cara al objeto de tu temor.

Eso es lo que yo (Rich), tuve que hacer. Acostumbraba temerle a las alturas, pero quería esquiar. La primera vez que me monté en una «telesilla», me espanté. ¡Al subirme a ella, uno de los esquíes se encajó en la rampa y por poco me caigo del aparato!

Evité esquiar por cinco años debido a mi temor. Entonces el Señor me habló a través de 1 Corintios 6.12: «Todas las cosas me son lícitas, mas no todas convienen; todas las cosas me son lícitas, mas yo no me dejaré dominar de ninguna». Fui dominado por mi temor a las telesillas, y lo sabía.

Tuve que enfrentar ese temor un día helado en las Montañas Rocosas de Colorado, ¡y lo hice! Estaba tan emocionado que no creo haber tocado la nieve cuando esquié por la montaña.

Los pasos cuarto y quinto son: *prepárate para tu momento de confrontar tu objeto de temor* y entonces *pon a trabajar el plan.* Mientras me preparé para saltar sobre la telesilla la segunda ocasión, ¡me aseguré de saber cómo hacerlo! Me coloqué de forma segura para que no me tomara desapercibido. En esta etapa resulta útil evitar todo tipo de sorpresas.

Para asegurarme de que le daría seguimiento a mi plan, tenía a alguien acompañándome. Ella no tenía idea alguna de que estaba espantado y en realidad, ¡esperaba que la ayudara a tener valor! ¡Qué «buchipluma» era yo!

Una vez que me monté, me alisté con muchas canciones de alabanza para mantenerme atento a Dios. ¡Y funcionó!

Haz lo que más temes, y la muerte de ese temor será segura. El temor es como una ilusión. Mientras más te acercas a ella, más se evapora en la nada. Satanás quiere que te imagines tus temores como algo mayor que la vida, y eso parecerán si tratas de evitarlos.

El salmista captó el meollo del andar por fe, y no andar en el temor cuando escribió:

*Dios es nuestro amparo y fortaleza,*
*Nuestro pronto auxilio en las tribulaciones.*
*Por tanto, no temeremos, aunque la tierra sea removida,*
*Y se traspasen los montes al corazón del mar;*
*Aunque bramen y se turben sus aguas,*
*Y tiemblen los montes a causa de su braveza. (Salmo 46.1-3)*

Todos hemos estado asustados, pero ¿cuánto controla el temor nuestras vidas? Tenemos que detenernos y orar a Aquel que dice: «No tengas miedo, porque estoy contigo; no te desanimes, porque Yo Soy tu Dios». Él promete fortalecernos, ayudarnos y sostenernos con su diestra poderosa (Isaías 41.10).

Sin depender por completo del Señor, podemos congelarnos con facilidad en la paralizante garra del temor. Temerle a cualquier cosa que no sea el Señor no nos dejará conocer su voluntad. Con su ayuda podemos, aun ahora mismo, comenzar a sentir la cálida brisa de su presencia soplando sobre nosotros, derritiendo los escalofriantes temores en nuestras vidas. ¿Podrías unirte a nosotros mientras oramos?

*Querido Padre celestial, eres mi escudo y mi baluarte y la fuerza de mi vida. Elijo andar por fe en ti en lugar de ceder ante mis temores. Te agradezco porque no me has dado un espíritu de temor, sino uno de poder, amor y una mente firme.*

*Hoy decido renunciar al temor a los seres humanos, al temor a la muerte, a Satanás, y a cualquier otro objeto de temor en mi vida. En lugar de eso decido hacer a Jesucristo el Señor de mi vida. Enséñame el temor al Señor, para poder adorarte y obedecerte. Eres mi santuario y no necesito otro.*

*Señor, mediante tu presencia y poder, me comprometo a estar siempre listo a contarle a la gente mi fe en ti. Anticipo el valor que has de darme mediante la plenitud del Espíritu Santo. Amén.*

## Prueba para encontrar fobias

1. Analiza tu temor.
   a. Identifica todos los objetos de temor. (Pídele al Señor que revele todos los temores que tengas.)
   b. ¿Cuándo surgió cada uno de ellos? (Pídele al Señor que te lo muestre.)
   c. ¿Qué hechos dieron comienzo a ese temor? (Pídele a Dios que te haga recordar.)

2. Determina cualquier manera en la que el temor ha sido tu Señor en lugar de Cristo.
   a. ¿De qué maneras el temor
      - ha prevenido que hagas lo correcto?
      - te ha forzado a hacer lo incorrecto?
      - ha causado que comprometas tu testimonio por Cristo?
   b. Confiesa cualquier manera en la que has permitido que el temor te controle.
   c. Haz de Cristo tu Señor y comprométete a obedecerle en cualquier cosa que te muestre.

3. Prepara un programa de acción responsable, incluyendo uno para enfrentar tu temor cara a cara, de modo que puedas hacerlo de manera segura.

4. Prepárate para el momento de confrontar tu objeto de temor fijando tus ojos en el amor a Dios y su protección.

5. Pon a trabajar el plan. Podría ayudarte que tengas una amistad de confianza.

Parte 2

# Principios para discernir la voluntad de Dios

# Capítulo 6

# Lo más importante para ti y para mí

«¿Cómo puedo estar seguro de lo que Dios me está diciendo?» «¿Cómo puedo saber con certeza qué es lo que quiere que haga?» Estas son dos de las preguntas más comunes que hacen los adolescentes cristianos hoy en día. ¿Por qué? Porque yacen en la raíz de todas las decisiones que el seguidor sincero de Cristo tiene que hacer en su vida.

Este problema no es nuevo. Ha estado rondando miles de años. En los días de Jesús, el debate era airado: ¿Este Jesús viene de Dios o no? ¿Podemos confiar en su enseñanza? Algunas personas concluyeron: «Es un buen hombre»; mientras que otros estaban en desacuerdo y decían: «No, engaña al pueblo» (Juan 7.12).

Cuando los judíos escucharon su enseñanza y preguntaron: «¿Cómo este hombre adquirió ese aprendizaje sin estudiar?» Jesús respondió:

> *Mi doctrina no es mía, sino de aquel que me envió. El que quiera hacer la voluntad de Dios, conocerá si la doctrina es de Dios, o si yo hablo por mi propia cuenta (Juan 7.16-17).*

En esencia, Jesús dice: «¿Quieres conocer la voluntad de Dios? ¡Decide de antemano *hacer* la voluntad de Dios, y Él te mostrará cuál es!»

Pero, ¿cómo llegamos al punto de estar dispuestos a aceptar el plan de Dios para nuestras vidas, y ya? Buena pregunta. Sin embargo, antes de entrar en los detalles específicos del plan de Dios para *ti*, necesitamos tratar con el plan de Dios para *el mundo*. Después de todo, tú y yo somos parte del mundo de Dios.

## El plan de Dios para el mundo

¿Cuál dirías que es la voluntad de Dios para el mundo? ¿Cuál es su principal deseo para la raza humana? Sin siquiera darte cuenta, tal vez has orado exactamente por esto muchas veces en el Padre Nuestro: *Padre nuestro, que estás en el cielo, santificado sea tu nombre. Venga tu reino, hágase tu voluntad en la tierra así como en el cielo.*

¿Lo viste? En esa oración Jesús nos instruyó (Mateo 6.9-13) a orar para que la voluntad de Dios se hiciera en la tierra así como se hace en el cielo. ¿Y cuál es su voluntad? *Venga tu reino.*

No creo que Jesús simplemente nos esté diciendo que oremos por su regreso. Nos dice que oremos para que venga su dominio (reino) a individuos, familias, iglesias, comunidades, ¡y hasta a naciones enteras! Ese es el enfoque principal de la obra de Dios aquí en el planeta azul. Busca las siguientes Escrituras:

- El Señor no retarda su promesa según algunos la tienen por tardanza, sino que es paciente para con nosotros, no queriendo que ninguno perezca, sino que todos procedan al arrepentimiento (2 Pedro 3.9).
- Porque esto es bueno y agradable [orar por la gente] delante de Dios nuestro Salvador, el cual quiere que todos los hombres sean salvos y vengan al conocimiento de la verdad (1 Timoteo 2.3-4).

- Porque el Hijo del Hombre vino a buscar y salvar lo que se había perdido (Lucas 19.10).
- El que practica el pecado es del diablo; porque el diablo peca desde el principio. Para esto apareció el Hijo de Dios, para deshacer las obras del diablo (1 Juan 3.8).
- Y yo [Jesús] también te digo, que tú eres Pedro, y sobre esta roca edificaré mi iglesia; y las puertas del Hades no prevalecerán contra ella (Mateo 16.18).

Resumamos lo que acabamos de leer: La voluntad de Dios para el mundo es que la gente llegue a conocer a Jesucristo para que se aviven espiritualmente y sean salvados del pecado, para que puedan ser liberados del control del diablo y lleguen a ser parte del gran proyecto de construcción de Dios: la Iglesia.

Así que, cualquier cosa que Dios tenga planificada para ti, deseará que seas parte de este gran plan. Si no estás dispuesto a «involucrarte en el asunto» que tiene para el mundo, ¿cómo puedes esperar que te muestre tu función específica en ese plan?

Muy bien, vamos a acercar las cosas un poco más. Hemos comenzado a ver cuál es el plan de Dios para el mundo, la venida de su reino a los corazones humanos. ¿Qué significa eso para el creyente individual? ¿Cuál es la voluntad de Dios para cada cristiano?

## La voluntad de Dios para ti

Sencillamente hablando: la voluntad de Dios para cada cristiano es que él o ella se asemeje cada vez más a Jesús y haga buenas obras de amor para que las personas sean dirigidas a Dios. Considera el próximo grupo de versículos de la Escritura:

- Porque a los que antes conoció, también los predestinó para que fuesen hechos conformes a la imagen de su

Hijo, para que Él sea el primogénito entre muchos hermanos (Romanos 8.29).

- El objetivo de esta exhortación es: un amor que brote de un corazón limpio, de una buena conciencia y una fe no fingida (1 Timoteo 1.5, *Dios habla hoy*).
- Vosotros sois la sal de la tierra pero si la sal se desvaneciere, ¿con qué será salada? No sirve más para nada, sino para ser echada fuera y hollada por los hombres. Vosotros sois la luz del mundo; una ciudad asentada sobre un monte no se puede esconder. Ni se enciende una luz y se pone debajo de un almud, sino sobre el candelero, y alumbra a todos los que están en casa. Así alumbre vuestra luz delante de los hombres, para que vean vuestras buenas obras, y glorifiquen a vuestro Padre que está en los cielos (Mateo 5.13-16).

Dios está en el negocio de edificar el carácter, y en lo que se refiere a nuestras vidas, esa es su principal preocupación. La Biblia, por ejemplo, no dice nada acerca de la universidad a la que deberías asistir, ¡pero dice mucho en cuanto a qué clase de estudiante debes ser!

Como verás, Dios se preocupa más por lo que estás llegando a ser interiormente (tu carácter). ¿Por qué? Simplemente porque sabe que si interiormente estás llegando a ser la persona correcta, ello se mostrará de manera automática en cómo vives exteriormente.

Cuando estudiaba en mi segundo año de universidad (Rich), creí ser dueño del mundo. Estudiaba en Penn State para llegar a ser pronosticador del tiempo y obtenía buenas calificaciones. Para ese entonces había engordado mucho, así que me sentía bien en cuanto a mi apariencia física. Trabajé como salvavidas e instructor de natación, así que no tenía problemas financieros. Le caía bien a mis profesores universitarios, así como a los muchachos del dormitorio. Parecía, exteriormente hablando, dirigido al éxito en todo. Pero no era feliz.

Durante mi primer año le abrí mi corazón a Cristo, pero a

menos que le mencionara a alguien que era cristiano (lo cual era raro), nadie se hubiera dado cuenta de ello. Me la pasaba burlándome cruelmente de las personas. En verdad, era un muchacho divertido, pero la «diversión» siempre era a expensas de otro.

Un día fui a sacarme el retrato del anuario. Como era una clase de rebelde, me vestí con una chaqueta, una corbata, pantalones cortos y ¡zapatos de jugar tenis! El fotógrafo era un tipo bocón y bullangero, me caía bien. Cuando llegó el momento de sacar la foto, me dijo que repitiera una obscenidad.

Le seguí la corriente, porque no quería alterar las cosas. Me parece que me sonreí cuando repetí las palabras, porque pareció contentarse con las fotografías.

«Rich, tú sabes», me dijo alegremente mientras me marchaba, «eres uno de los nuestros. La última persona no quiso decir lo que dijiste [la obscenidad]. En lugar de eso quería decir "Jesús"».

Sentí como si me hubieran hundido un cuchillo directamente en el corazón. Respondí con un gruñido y salí lo más rápido que pude de aquel lugar.

Allí Dios me quebrantó y me mostró que lo que faltaba en mi vida era un compromiso total con Él. Decidí en ese mismo momento y lugar irme hasta el cuello con Jesús y jamás negar a mi Señor o comprometer mi andar con Él de esa manera.

El señorío de Cristo es un asunto decisivo que todo creyente en Jesús debe tratar de frente. No hay atajos alrededor del mismo o convenientes túneles que lo circunden. ¿Quién *realmente* será el Señor de tu vida? Tu decisión en este asunto determinará todo el curso de tu vida.

## Las cosas pequeñas

Hay otro principio en cuanto a la voluntad de Dios que te será útil entender. Esta importante verdad viene de Lucas 16.10: «El que es fiel en lo muy poco, también en lo más es fiel;

y el que en lo muy poco es injusto, también en lo más es injusto».

El contexto del versículo tiene que ver con el uso del dinero, y esa es una verdad muy importante en sí misma. Pero la aplicación es mucho más amplia y podría aseverarse de esta manera: Si ahora obedeces a Dios en las cosas pequeñas, luego te confiará cosas mucho mayores. Pero si ahora no se puede depender de ti en las cosas pequeñas, eso indica que no serás confiable en el futuro con las más grandes.

He aquí una breve lista que puedes usar para ver si estás siendo fiel en hacer lo que Dios desea en las «cosas pequeñas» que trae a colación:

- Cuando tus padres te piden que hagas algo, ¿respondes inmediatamente o lo pospones lo más posible?
- ¿Te sumas a otros estudiantes cuando se burlan de los maestros y otros condiscípulos o rehúsas formar parte de esas clases de conversaciones?
- ¿Se puede confiar en tu palabra? Cuándo dices algo, ¿eres sincero, o te la pasas hablando en doble sentido? ¿Tienes el hábito de mentir, exagerar o no cumplir promesas?
- ¿Procuras hacer una tarea excelente en tu labor en la escuela o en el trabajo o simplemente haces lo que haga falta para quedar bien?
- ¿Estás tratando de ser un testigo amoroso de Cristo en tu hogar, la escuela, etc., o simplemente estás pasando el tiempo hasta que puedas marcharte por tu cuenta?
- Si manejas, ¿obedeces las leyes de tránsito, incluyendo los límites de velocidad, o simplemente manejas como te da la gana?

La sociedad actual espera que los adolescentes sean irrespetuosos, vagos e irresponsables. Como joven cristiano, ¡tienes la increíble oportunidad y la responsabilidad de probar que están equivocados! Pero tus acciones gritarán más que tus palabras, como dijo sabiamente Proverbios 20.11: «Por sus acciones se conoce si un joven se conduce con rectitud» (*Dios habla hoy*).

Si te muestras fiel en las cosas importantes, las personas comenzarán a darse cuenta de ello. ¡Y es mejor que creas que Dios también se dará cuenta! Tu jefe podría darte un aumento de sueldo o promoverte. Tu maestra podría recomendarte para un honor o un premio especial. Tus padres sentirán la libertad de darte más responsabilidades... y privilegios. Y quizás lo más importante de todo, ¡estarás desarrollando la clase de carácter que Dios honra y usa para su gloria!

El rey David es un ejemplo clásico. Cuando niño, tenía el solitario trabajo de pastorear las ovejas. Y las ovejas no son exactamente los compañeros más emocionantes del mundo. Pero debido a su fidelidad en esa «cosa pequeña». Dios pudo desarrollar cualidades cruciales en la vida y el carácter de David.

Aprendió directamente acerca del corazón de pastor de Dios por su pueblo y escribió respecto a eso en el Salmo 23. En su momento, el Señor llamó a David a ser el pastor (rey) de Israel. ¿Por qué David? Porque le había permitido a Dios que lo moldeara y le enseñara lecciones importantes acerca de cómo ser rey durante esos primeros años «en la finca» con las ovejas. Su lealtad en la «pequeña» tarea de pastorear ovejas llevó a su recompensa: reinado, ¡la mayor de todas las tareas!

## Dónde comenzar

El apóstol Pablo instruyó a su hijo espiritual, Timoteo (que era un joven), acerca de cómo vivir con éxito en este mundo: «Evita que te desprecien por ser joven; más bien debes ser un ejemplo para los creyentes en tu modo de hablar y de comportarte, y en amor, fe y pureza de vida» (*Dios habla hoy*).

Cultiva la fidelidad a Dios y a su voluntad en estas cinco áreas durante tu adolescencia, y recogerás una cosecha de fertilidad para Él en los días venideros.

*La palabra*. No permitas que tu boca sea una herramienta para el grupo demoledor de Satanás. Deja que tus palabras edifiquen a otros y los animen. Evita los chismes y lo profano. Sólo Dios puede controlar tu lengua; pídele que comience a hacerlo hoy.

*Conducta.* Aprende a ser sumiso a las autoridades humanas que están sobre ti, especialmente tus padres. Dios los ha puesto allí para tu protección. Sé una persona en la cual otros puedan confiar. Recuerda que antes del honor viene la humildad y con esta la sabiduría.

*Amor.* Esta es la marca de un verdadero discípulo de Cristo. Invierte tiempo íntimo con Dios de modo regular y crece en tu amor por Él. Pídele que llene tu corazón con amor por otras personas, especialmente aquellos que te irritan o te tratan de manera injusta.

*Fe.* A medida que llegues a conocer y amar más a Dios, podrás confiar más en Él. Pídele que te muestre cómo impactar tu hogar, la iglesia y la escuela por Cristo. ¡Entonces sal por fe en su poder y sabiduría y observa su trabajo!

*Pureza.* Toma la firme decisión de mantenerte sexualmente puro hasta el matrimonio. Pídele a otros que oren por ti. No hagas nada ni vayas a ninguna parte que te comprometa. Si ya fallaste en esta área, confiesa tu pecado, deja cualquier relación pecaminosa, y aprende a caminar con el Padre, que te ama, perdona, y acepta como eres en Cristo.

## Cómo prepararon otros el camino

No es fácil elegir la autopista hacia la santidad, eso es verdad. Pero muchos jóvenes antes de ti han caminado por ese sendero y cosecharon grandes bendiciones de parte de Dios.

Por eso es que Él escribió relatos de jóvenes en la Biblia que superaron lo que se esperaba de ellos y anduvieron con Dios sin importar lo que el mundo, la carne y el diablo les lanzaran en el camino.

Mira la vida de José (Génesis 37—50). Podría ser el mejor cuento corto que jamás se haya escrito, y todo es cierto.

Llega a conocer a Daniel y a sus tres amigos (el libro de

Daniel) y mira cómo Dios usó su fe para tambalear al más poderoso imperio de aquel entonces.

Lee acerca de la joven reina Ester (el libro de Ester) y su valerosa vida de fe ante la muerte. El final de ese verdadero relato te dejará sacudiéndote la cabeza maravillado del poder de Dios para proteger a su pueblo.

Otro joven, Dwight Moody, era un vendedor obeso, sin educación, que deseaba enseñar una clase de Escuela Dominical para jóvenes. Había reunido un grupo de muchachos de la calle que estaban dispuestos a asistir. Pero el líder de la iglesia se le acercó y le dijo que encontrara su propia clase y que mantuviera a los niños alejados de la iglesia hasta que aprendieran a comportarse.

¡Y eso fue exactamente lo que hizo! Les enseñó por su cuenta, y pronto ganó varios cientos de jóvenes para Cristo y los ayudó a crecer en su fe.

Aunque jamás asistió a un seminario, Dwight sintió el llamado de Dios a predicar el evangelio. Temprano, una mañana, él y algunos de sus compañeros se juntaron en un campo de heno para orar, confesar sus pecados, y entregarse al Señor para lo que Él quisiera. Uno de ellos, Henry Varley, dijo: «Todavía el mundo no ha visto lo que Dios puede hacer con, por, a través de, y dentro de un hombre que esté completa y totalmente consagrado a Él».[1]

El resto es historia. D.L. Moody ciertamente fue uno de los más grandes evangelistas que los EE.UU. jamás haya visto. Miles de miles vinieron a Cristo mediante su ministerio tanto en los EE.UU. como en Gran Bretaña. Hasta les habló a casa llena en las más prestigiosas universidades en Inglaterra, ¡incluyendo a Cambridge y Oxford! Y todo comenzó cuando el señor Moody decidió «florecer donde fue plantado», ¡estableciendo una clase de Escuela Dominical para chicos problemáticos en las calles de Chicago!

---

1 Blackaby, Henry and Claude King, *Experiencing God*, Lifeway Press, Nashville, TN, 1990, pp. 24-25

Pedro y Juan, los discípulos de Jesús, fueron arrestados por «perturbar la paz». Fueron usados por Dios para sanar a un mendigo lisiado (Hechos 3) y aprovecharon la oportunidad para enseñar y predicar el evangelio de Jesús. Enojados, los líderes religiosos cuestionaron furiosamente a los dos discípulos. Pedro, gentil pero firmemente, los silenció con sus palabras de poder llenas del Espíritu. Las palabras de Hechos 4.13 me dan escalofríos en el espinazo: «Entonces viendo el denuedo de Pedro y de Juan, y sabiendo que eran hombres sin letras y del vulgo, se maravillaban; y les reconocían que habían estado con Jesús».

Me pregunto. Si a ti o a mí nos llamaran a capítulo y fuéramos acorralados, ¿qué verían nuestros atacantes? ¿Verían jóvenes carentes de compromiso y tímidos? ¿Verían personas ordinarias? O ¿verían personas extraordinarias vivas en Jesucristo que no están dispuestas a comprometer lo que creen, sin importar el costo?

Todo comienza con la entrega total a Dios y a su voluntad. Hay dos palabras en el lenguaje castellano que jamás deben ir juntas. Son *No* y *Señor*. Verás, si Jesús verdaderamente es el *Señor*, y somos totalmente suyos, eso significa que Él dirige las cosas. Nuestra respuesta a Él como encargado siempre debe ser: «¡*Sí*, Señor!»

Sin embargo, la mayoría de nosotros quisiera saber antes de tiempo cuál es su voluntad, ¡y entonces le haríamos saber felizmente al Señor nuestra decisión! Pero Él simplemente no trabaja de esa manera.

Dios ha puesto delante de ti y de mí una puerta abierta. Pero es imposible ver lo que está al otro lado de ella hasta que la atravesemos hasta el otro lado.

¿Cómo podemos llegar al punto de decir: «Muy bien, Señor. Mi vida es tuya. Estoy dispuesto a seguirte a donde indiques, comoquiera que lo indiques y cuando lo indiques?» La clave se encuentra en Romanos 12.1-2 (*Dios habla hoy*):

*Así que, hermanos míos, les ruego por la misericordia de Dios que se presenten ustedes mismos como ofrenda viva, consagra-*

*da y agradable a Dios. Este es el verdadero culto que deben ofrecer. No vivan ya según los criterios del tiempo presente; al contrario, cambien su manera de pensar para que así cambie su manera de vivir y lleguen a conocer la voluntad de Dios, es decir, lo que es bueno, lo que le es grato, lo que es perfecto.*

¿Lo captaste? Está allí mismo. ¿Qué es la voluntad de Dios? ¡Lo que es *bueno y aceptable y perfecto*! Esa es la clave que te capacita para pasar por la puerta abierta.

El diablo quiere que creas que Dios no es confiable. No creas en sus mentiras. *La voluntad de Dios es buena.*

El diablo quiere que creas que no te va a gustar lo que Dios tiene para ti. No creas en sus mentiras. *La voluntad de Dios es aceptable.* El diablo quiere que creas que no puedes tratar con la voluntad de Dios. Él dice que será muy difícil. No creas en sus mentiras. *La voluntad de Dios es perfecta.*

En la última mitad del siglo XIX, George Mueller fundó el orfanatorio de Bristol. Llegó a conocerse alrededor del mundo como una de las más increíbles obras de la gracia de Dios y la fe humana en la historia.

Por años, sin una sola petición de dinero, George Mueller vio a cientos de niños ser alimentados, vestidos y educados. El orfanatorio era administrado completamente por fe y oración.

Mueller captó lo más importante para ti y para mí cuando escribió:

> Procuro para empezar que mi corazón entre en tal estado que no tenga voluntad propia respecto al asunto que me espera. Los nueve décimos del problema con la gente residen ahí. Los nueve décimos de las dificultades se vencen cuando nuestros corazones se disponen a cumplir la voluntad del Señor. Cuando uno verdaderamente llega a este estado, normalmente es poca cosa lo que le falta para entrar en el conocimiento de su voluntad.[2]

---

2 Anderson, Neil, *Cuando andamos en la luz*, p. 93.

Josué ofreció este reto hace miles de años, pero aún permanece: «Escogeos hoy a quién sirváis» (Josué 24.15). ¿Le servirás a Dios o a alguien más o alguna otra cosa? Eso es lo decisivo.

Sabiendo que «lo que está al otro lado de la puerta» viene del corazón y la mano de nuestro amante, omnisciente, todopoderoso, Padre celestial, ¿podrías repetir esta oración con nosotros?

*Querido Padre celestial, de una vez por todas este día decido hacerte sólo a ti Señor de mi vida. Tu amor por mí es todavía mayor que mi amor por mí mismo. Tu conocimiento y entendimiento de mi vida son mucho mayores que los míos. Y tu poder es todopoderoso, empequeñeciendo mi debilucha fortaleza.*

*Perdóname por los momentos en los que he actuado como mi propio dios y tratado de escribir el guión para mi vida por mí mismo. Perdóname por dudar en algún momento que tu voluntad para mí sea ninguna otra cosa sino buena, aceptable y perfecta. Ya no quiero ser forzado en el molde del mundo. Deseo llegar a ser como Jesús.*

*Enséñame a ser fiel a lo que me has llamado a hacer. Conviérteme en una persona que en palabra, conducta, amor, fe, y pureza sea verdaderamente un ejemplo de lo que debe ser un cristiano.*

*Por favor, lléname con el Espíritu Santo. No puedo hacer nada de esto con mi propio poder. Que llegue tu reino a mí. Que se haga tu voluntad en mí aquí en la tierra como en el cielo. Me someto a ti, mi Rey. En el nombre de Jesús. Amén.*

Capítulo 7

# Lo más decisivo para Dios

Era el 11 de mayo. Mi (Rich) cumpleaños. Todos mis amigos en el dormitorio en que vivía en Penn State estaban de humor, y yo también. Aunque había recibido a Cristo unos cuatro meses y medio antes, conocer y hacer la voluntad de Dios eran las cosas más lejanas de mi mente esa noche. Después de todo, era el fin de semana, tenía 19 años de edad, y había bastante cerveza... ¡y otra persona había pagado por ella! ¿De quién podía esperarse que hiciera cosa alguna sino festejar hasta lo último?

Temprano en la noche sonó la alarma. «Rich, ¡por ahí viene tu hermano!»

*Ah, que fastidio*, pensé. Para mí, mi hermano era la segunda venida del apóstol Pablo, *no* la persona que deseaba ver en ese momento.

Escondí rápidamente mi botella de cerveza y traté de aparentar sobriedad. Con lo borracho que estaba, ¡eso era tan fútil como una mujer a punto de dar a luz tratando de no verse embarazada!

Pude ver el dolor en los ojos de mi hermano al entregarme mi regalo de cumpleaños. Lo abrí frente a todos mis amigos y deseé meterme debajo de una roca. Era un libro cristiano.

Le balbuceé las «gracias» a él, y rápidamente (y de manera misericordiosa) se marchó. Imagínate un cuarto lleno de gente incómoda suspirando alivio. Y yo suspiraba más fuerte que los demás.

No tomó mucho tiempo para que la fiesta volviera a animarse, y eso incluyó mi bebedera.

En algún momento, en medio de la noche, a uno de mis amigos se le ocurrió la brillante idea de envolverme en una sábana y ponerme en el elevador del dormitorio. Como estaba demasiado borracho para pelear, no tuve otra alternativa sino dejarlos que me echaran allí. Entonces apretaron el botón para cada piso del dormitorio, y regresaron a la fiesta.

Yo fui el alma de la fiesta en cada piso. El elevador se detenía, abría sus puertas revelando su pasajero momificado, cerraba sus puertas, y procedía a la próxima parada. Todos se rieron bastante por eso, excepto yo. Me sentí completamente humillado.

Finalmente el elevador regresó a mi piso, y pude arrastrarme. Para ese entonces me sentía bastante enfermo de mi estómago, así que me arrastré a una esquina de la antesala y simplemente me acosté procurando no vomitar.

Alrededor de las dos o tres de la madrugada, aun a punto de vomitar, comencé a arrastrarme de vuelta hacia mi cuarto. Recuerdo haber orado: «Señor, si previenes que vomite en medio del pasillo te entregaré de nuevo mi vida».

Para sorpresa mía, pude volver a mi cuarto y arrastrarme a mi colchón. Mis pies y la mitad de mis piernas colgaban sobre el final de la cama, pero no importaba.

De pronto mis amigos irrumpieron en el cuarto, riéndose. Me agarraron por los pies y me empujaron con fuerza en la cama, golpeando accidentalmente mi cabeza contra la pared.

Debí haber sufrido una contusión por la dureza del golpe. Pero no podía sentir nada.

Aliviados porque no me habían herido, mis amigos me dejaron solo con mi compañero de cuarto cristiano, que estaba muy despierto. Estaba listo para que me condenara, y lo merecía. Pero jamás lo hizo.

Después de un rato me preguntó calladamente: «Rich, ¿crees que esto glorifica a Dios?»

«No», murmullé. ¿Qué *podía* decir? Era obvio que era un desastre espiritual.

Pero le había hecho una promesa a Dios, y procuraba cumplir mi parte en ella. Poco después, con su ayuda, pude dejar la bebida, y las fiestas para siempre.

¿Qué de tu vida? ¿Acaso tu meta es glorificar a Dios? ¿Se te hace difícil (como me pasó a mí) llevar una vida que le agrade?

Una cosa es cierta, la voluntad de Dios siempre traerá gloria a Dios, porque glorificar a Dios es lo más importante para Él.

¿Qué es lo que significa glorificar algo? Significa dirigir la atención a algo de tal manera que las personas lo honren, lo alaben o lo adoren. Por ejemplo, imagínate un enorme diamante con un hermoso corte sobre un tapete azulado en una oscura esquina de un museo. La gema es invalorable, pero nadie siquiera la nota hasta que se enciende una luz dirigida sobre él. De pronto, las cabezas se voltean y todos los ojos son atraídos a la preciosa joya.

¿Qué hizo la luz? ¿Aumentó el valor del diamante? No, no lo hizo. Pero dirigió a las personas a él y reveló su belleza para que pudieran maravillarse de su gloria. La luz glorificó al diamante.

De haber estado en ese cuarto, ¿hubieras contemplado el bombillo diciendo: «¡Qué maravillosa bombilla!» Por supuesto que no. Hubieras contemplado maravillado ese increíble diamante refulgiendo en su resplandor.

Podemos hacer lo mismo por Dios, señalar su resplandor. Y, de manera increíble, las diferentes Personas de la Trinidad (Dios el Padre, Dios el Hijo, y Dios el Espíritu Santo) señalan la belleza y la majestad del uno y del otro, procurando glorificarse entre sí.

El Padre glorifica a su Hijo, Jesús, de acuerdo con Juan 8.54: «Respondió Jesús: Si yo me glorifico a mí mismo, mi gloria nada es; mi Padre es el que me glorifica, el que vosotros decís que es vuestro Dios».

Pero Jesús también vino a glorificar al Padre, como dijo en Juan 17.4: «Yo te he glorificado en la tierra; he acabado la obra que me diste que hiciese».

Pero eso no es todo. ¡El Espíritu Santo vino a glorificar a Cristo!

> *Pero cuando venga el Espíritu de verdad, Él os guiará a toda la verdad; porque no hablará por su propia cuenta, sino que hablará todo lo que oyere, y os hará saber las cosas que habrán de venir. Él me glorificará; porque tomará de lo mío, y os lo hará saber. Todo lo que tiene el Padre es mío; por eso dije que tomará de lo mío, y os lo hará saber (Juan 16.13-14).*

¿Estás apreciando la belleza de todo esto? ¡Estamos hablando de Dios! Si alguien tuvo el derecho de glorificarse a sí mismo, hubieran sido Jesús y el Espíritu Santo. Pero no lo hicieron, y no lo hacen. Dios es tremenda gloria vestida en hermosa humildad.

Es más, el Señor Jesús, se describió a sí mismo como «manso y humilde de corazón» (Mateo 11.29). Ahora sabes que alguien es verdaderamente humilde cuando *se llama a sí mismo* «humilde» ¡y está en lo correcto! Y Jesús es la única persona que puede hacer eso.

## ¿Qué de nosotros?

Así que, ¿en dónde cabemos? Bueno, como creyentes en Cristo, hemos de glorificar a Dios y no a nosotros mismos, como enseña claramente Pablo en su primera carta a los Corintios:

*¿No saben ustedes que su cuerpo es templo del Espíritu Santo que Dios les ha dado, y que el Espíritu Santo vive en ustedes? Ustedes no son sus propios dueños, porque Dios los ha comprado por un precio. Por eso deben honrar a Dios en el cuerpo. (1 Corintios 6.19-20,* Dios habla hoy*).*

¿Por qué hemos de glorificar a Dios? Porque le pertenecemos. Nos compró de la horrible esclavitud al pecado y a Satanás y nos ha liberado para llevar una vida plena y significativa aquí en la tierra y en el cielo. ¡Eso debería hacer que deseáramos gritar desde los techos y alabar su glorioso nombre!

Sin embargo, para algunas personas esto realmente es difícil. Es más, ahora mismo podrías estar diciendo: «De todas maneras, ¿por qué Dios desea gloria? ¿Acaso está tratando de complacer su ego? ¿Por qué he de glorificar a Dios cuando no tengo razón alguna para vivir? ¿Qué hizo por mí?»

Hemos invertido miles de horas con personas heridas que fervientemente anhelan escuchar de Dios. Para muchos de ellos, aun la idea de hacer la voluntad de Dios y glorificarlo es una carga que no pueden llevar. Sienten que los demás obtuvieron lo mejor de parte de Dios y lo único que recibieron fueron las sobras.

Tuve (Neil) la oportunidad de encontrarme con alguien así. Era un hombre de mucho éxito y supervisaba un distrito escolar público. Asistía regularmente a la iglesia y por fuera parecía muy normal. Pero en su mente había una batalla. Era motivado por pensamientos que constantemente le indicaban qué hacer. Tenía un temperamento volátil así como horribles pesadillas que le quitaban toda la energía.

Unas horas después de guiarlo a través de *Los pasos hacia la libertad en Cristo*, el hombre estaba libre. Varios meses después, seguro de que lo que había sucedido habría de permanecer, el hombre me escribió una carta. He aquí parte de ella, editada un poco para que sea más clara:

Realmente jamás entendí la relación que Dios deseaba tener conmigo. Lo percibía como un recio y distante padre todopoderoso. Ahora estoy consciente de que Dios es como un padre de verdad debido a la manera en la que me ama. Quiere que disfrute de su presencia y viva una vida de plenitud en esta tierra. Acostumbraba verlo como un Dios frío y disciplinador. Sabía que debía sostener una relación personal con Él, pero no tenía manera de saber qué quería decir eso.

Comparé mi propia actitud de papá en la relación de padre e hijo con la clase de amistad que debía sostener con Dios. Estaba completamente errado. Dios no sólo quiere que le obedezca, sino que se goza de mis logros.

Había luchado con el propósito de mi vida. ¿Qué importaba si alcanzaba algo? Si todos mis éxitos eran el resultado de la voluntad de Dios, y toda la gloria le pertenecía a Él, creí que debía ser simplemente una herramienta indigna del Todopoderoso.

Pero estaba equivocado. No había manera en la cual pudiera ser feliz con esa clase de creencia. Dios quiere que haga cosas buenas y que me complazca en hacerlas bien. Así como un padre terrenal se complace cuando a su hijo le va bien, así también Dios se complace cuando sus hijos hacen su voluntad.

Ahora tengo una nueva imagen del amor de Dios y mi lugar en su plan. Tengo significado, y lo que hago tiene significado. Puedo complacerme en hacer el bien sin arriesgarme a pecar por orgulloso. Ahora veo la verdad, que Dios es un Padre amoroso y afectuoso. Me dio una voluntad la cual estoy supuesto a usar para complacerlo, y eso es exactamente lo que espero hacer.

¡Qué diferencia hace la verdad! Es la verdad que nos libera (Juan 8.32)... ¡libres para amar a Dios y *querer* glorificarle! Las mentiras nos mantienen esclavizados, atrapados en la tela de araña de los engaños de Satanás. El diablo quiere que percibamos a Dios como un tirano egoísta, hambriento de poder que necesita que le acariciemos el ego. Empero, en realidad, esa es una buena descripción de Satanás, ¡no de Dios!

Así que, ¿cómo glorificamos a Dios? Considera estas Escrituras:

- Del mismo modo, procuren ustedes que su luz brille delante de la gente, para que, viendo el bien que ustedes hacen, todos alaben a su Padre que esté en el cielo (Mateo 5.16, *Dios habla hoy*).
- Si ustedes permanecen unidos a mí, y si permanecen fieles a mis enseñanzas, pidan lo que quieran y se les dará. Mi Padre recibe honor cuando ustedes dan mucho fruto y llegan así a ser verdaderos discípulos míos (Juan 15.7-8, *Dios habla hoy*).

## Cómo nos percibe Dios

Las personas se impresionan por la grandeza de Dios cuando hace cosas en y a través de nuestras vidas que sólo Él puede hacer. Respuestas a la oración. Áreas de nuestras vidas cambiadas por su poder. Buenas obras de amor hechas en la sabiduría y el poder del Espíritu Santo. Compañeros estudiantes que llegan a Cristo mediante tu testimonio. Todas estas cosas glorifican a Dios y hacen que las personas lo alaben y lo honren.

Nuestro problema es que frecuentemente nos estancamos en nuestra manera de pensar. No nos vemos a nosotros mismos como Dios nos ve. Pensamos que somos el sucio bajo la uña del pequeño dedo del pie del cuerpo de Cristo. Así que ni siquiera nos molestamos en creer que Dios podría usarnos. ¡Nada dista más de la verdad! ¡Necesitamos echarle una larga, dura, y refrescante mirada a *quienes* realmente somos! Mira las palabras de Pedro:

*Pero ustedes son una* FAMILIA ESCOGIDA, UN SACERDO-

*CIO AL SERVICIO DEL REY, UNA NACIÓN SANTA, UN PUEBLO ADQUIRIDO por Dios. Y esto es así para que anuncien las obras maravillosas de Dios, el cual los llamó a salir de la oscuridad para entrar en su luz maravillosa. Ustedes antes NI SIQUIERA ERAN PUEBLO, pero ahora son PUEBLO DE DIOS; antes Dios NO les tenía compasión, pero ahora LES TIENE compasión* (1 Pedro 2.9-10, *Dios habla hoy*).

El mundo en el cual vivimos nos envía un mensaje penetrante y claro: Básicamente no vales nada a menos que seas hermoso, adinerado, guapo, popular, una estrella atlética, un genio académico o algo similar. Dios nos envía un mensaje aún más alto y claro: *Eres de infinito valor porque te elegí y te salvé y te traje a mi familia*. Creer que lo que Dios dice acerca de ti es cierto causará una tremenda diferencia en cómo vives tu vida.

Me (Neil) encanta la ilustración del libro de Bob George *Classic Christianity* [Cristianismo clásico]. Imagínate que eres una prostituta. Un día escuchas que todas las prostitutas son perdonadas. ¡Esas son grandes noticias, dado que eres una de ellas! Pero, ¿esas noticias cambiarían necesariamente la manera en la que te comportas o te percibes a ti misma? Tal vez no.

Podrías bailar en las calles por un tiempo, pero es probable que andes por esas calles al anochecer. Te verías como nada más que una prostituta perdonada.

Ahora imagínate que el rey no sólo te perdonó, sino que también se casó contigo. ¡Eres una reina! ¿Eso cambiaría tu manera de vivir? ¡Seguro que sí! ¿Por qué habrías de querer vivir como una prostituta común si fueras la reina?

Tú (juntamente con todos los creyentes en Cristo) eres la esposa de Cristo. ¡Y esa esposa es la reina del Rey de todos los reyes y el Señor de todos los señores! Independientemente de cómo te *sientas*, ¡eso es lo que realmente *eres*!

Podrías decir: «¡De pensar así estaría lleno de orgullo!» Tonterías. Eres lo que eres debido a lo que *Cristo* ha hecho por ti, y eso no se basa en ningún mérito propio. No, conocer la verdad acerca de quién eres en Cristo te liberará para llevar una vida victoriosa. Por otro lado, el *no* creer en las verdades de lo que eres en Cristo te dejará frustrado, desanimado y derrotado.

Me (Rich) encantan los truenos. Cuando niño salía en medio de ellos, mirando las ebullicientes nubes correr a través del cielo sobre mí. Aun si me empapaba por la lluvia, no me importaba.

Un día luego de un chubasco veraniego, pasaba por la entrada de la casa cuando vi una mariposa. Esta obviamente se había mojado las alas porque andaba por el suelo en lugar de volar. Me pareció un tanto cómico, ¡una mariposa que debía volar andaba arrastrándose por el suelo como un gusano!

Por desgracia, así es como viven la mayoría de los cristianos. Son nuevas criaturas en Cristo, ¡ya no son pecadores bajo el juicio de Dios, sino santos vivos en Jesús! Pero todavía actúan como los pecadores miserables que acostumbraban ser. Son como las mariposas que se arrastran por el suelo como si todavía fueran gusanos.

## Quién realmente eres

La siguiente es una lista tomada del libro de Neil *Cómo vivir libre en Cristo*. Contiene muchas de las cosas que la Biblia dice son ciertas en cuanto a nosotros debido a que estamos en Cristo. No tienen nada que ver con tu edad o con el tiempo que hace que eres cristiano. No se relacionan con cuán maduro eres como creyente en Jesús. Son tan ciertas en el caso de un creyente infante como lo son en cuanto a Billy Graham.

Ahora mismo, en este mismo momento, si eres un hijo de Dios, Dios ya ha satisfecho tus más profundas necesidades de aceptación, seguridad y significado. Pídele a Dios que toque tu corazón con estas maravillosas verdades de la Biblia mientras las lees en voz alta. Entonces toma el tiempo para buscar las referencias en la Escritura que se encuentran entre paréntesis:

Soy aceptado *(Romanos 15.7).*

Soy hijo de Dios *(Juan 1.12-13).*

Soy amigo de Cristo *(Juan 15.12-17).*

He sido justificado *(Romanos 5.1).*

Estoy unido con el Señor y soy uno con Él en el Espíritu (1 Corintios 6.17).

He sido comprado por precio; le pertenezco a Dios *(1 Corintios 6.19-20).*

Soy miembro del cuerpo de Cristo *(1 Corintios 12.27).*

Soy un santo *(Efesios 1.1).*

He sido adoptado como hijo de Dios *(Efesios 1.5).*

Tengo acceso directo a Dios mediante el Espíritu Santo *(Efesios 2.17-18).*

He sido redimido y perdonado de todos mis pecados *(Colosenses 1.13-14).*

Estoy completo *(Colosenses 2.9-10).*

Estoy seguro *(Proverbios 3.19-26).*

Estoy eternamente libre de condenación *(Romanos 8.1-2).*

Se me asegura de que todas las cosas obran para bien *(Romanos 8.28-30).*

Estoy libre de toda acusación en mi contra *(Romanos 8.31-34).*

No puedo ser separado del amor de Dios *(Romanos 8.35-39).*

He sido establecido, ungido y sellado por Dios *(2 Corintios 1.21-22).*

Estoy escondido con Cristo en Dios *(Colosenses 3.3).*

Estoy confiado de que la buena obra que Dios ha comenzado en mí será perfeccionada *(Filipenses 1.6).*

Soy un ciudadano del cielo *(Filipenses 3.20).*

No se me ha dado un espíritu de temor, sino de poder, amor, y una mente firme *(2 Timoteo 1.7).*

Puedo hallar gracia y misericordia en el tiempo de necesidad *(Hebreos 4.16).*

Soy nacido de Dios y el malo no puede tocarme *(1 Juan 5.18, 20).*
Soy significativo *(1 Corintios 3.9; 4.1-2).*
Soy la sal de la tierra y la luz del mundo *(Mateo 5.13-16).*
Soy una rama de la Vid verdadera, un canal de su vida *(Juan 15.1-5).*
He sido elegido y señalado para llevar fruto *(Juan 15.16-17).*
Soy un testigo personal de Cristo *(Hechos 1.8).*
Soy el templo de Dios *(1 Corintios 3.16-17).*
Soy ministro de la reconciliación *(2 Corintios 5.17-20).*
Soy un compañero de trabajo de Dios *(2 Corintios 6.1-2).*
Estoy sentado con Cristo en el dominio celestial *(Efesios 2.6-7).*
Soy obra de Dios *(Efesios 2.10).*
Puedo acercarme a Dios con libertad y confianza *(Efesios 3.12).*
Puedo hacer todas las cosas mediante Cristo que me fortalece *(Filipenses 4.11-13).*[1]

Conocer lo que eres en Cristo es una las motivaciones más importantes para desear conocer y hacer la voluntad de Dios. Escucha el testimonio personal de Pablo: «Pero por la gracia de Dios soy lo que soy; y su gracia no ha sido en vano para conmigo, antes he trabajado más que todos ellos; pero no yo, sino la gracia de Dios conmigo» (1 Corintios 15.10).

La esposa de un pastor asistió a mi (Neil) conferencia acerca de «Cómo resolver conflictos personales y espirituales». Averiguó quién era como hija de Dios y encontró su libertad en Cristo. Me escribió: «Anhelo hablarle de Jesús a las personas sólo por mi amor por Él, antes era mayormente una actividad basada sólo en el deber».

Estamos convencidos de que los cristianos «trabajarán más duro» cuando entiendan lo que significa ser un hijo de Dios.

---

1 Anderson, Neil, *Cómo vivir libre en Cristo.*

Pero esa ardua labor ya no será en la energía de la carne. ¡Será en el poder del Espíritu de Dios! Y eso llevará gran honra y gloria para Él.

Sólo un hijo de Dios que sabe quién es en Cristo será liberado para llevar una vida de servicio gozoso para la gloria de Dios. ¡Así que dejemos de tratar de llegar a ser algo que ya somos!

*Somos* hijos de Dios en Cristo. En Él *somos* aceptados incondicionalmente, amados de manera perfecta, perdonados completamente, y asegurados eternamente.

¿Sufres hoy como resultado del pecado de otros? ¿Estás atrapado en las consecuencias de tus malas decisiones? ¿Has pensado que eras una víctima indefensa de tu pasado? ¿Has caído en la trampa de culpar a otros, incluyendo a Dios, por tus luchas espirituales?

Dios ofrece libertad para personas heridas. Hoy, ¿comenzarás a glorificarle y le dejarás que te muestre su gloria en y a través de ti como su precioso hijo o hija? Si ese es el clamor de tu corazón, ¿podrías unirte con nosotros en oración?

*Amoroso y misericordioso Padre, abre mis ojos para ver tu gloria. Llena mi corazón con un entendimiento tan claro acerca de quien eres, y lo que has hecho, que desee gritar desde los techos.*

*Por favor, perdóname por las múltiples ocasiones en las que no te he glorificado sino que he buscado mi propia gloria. Lléname con el Espíritu Santo para llevar mucho fruto y glorificarte.*

*Gracias por darme la vida y por adoptarme como hijo tuyo. No quiero nada más sino que te glorifiques a ti mismo mediante mi vida. Eres el único que merece todo honor, alabanza y gloria. Hoy elijo obrar mediante tu gracia y poder para que tu reino venga a la tierra como siempre ha estado en el cielo. Oro en el humilde y gentil nombre de Jesús. Amén.*

Capítulo 8

# La carta de amor de Dios para ti

¿Qué tienen todas estas cosas en común: una luz, un espejo, una espada, un martillo, la lluvia, la nieve, la leche, el alimento sólido, una correa, el agua, la semilla, el fuego? ¿Te rindes? Todas son imágenes verbales que Dios usa para describir su Palabra, la Biblia.

Veamos brevemente cada uno de estos términos y tratemos de obtener el mensaje que el Señor desea expresarnos acerca del poder de su Palabra y cómo puede ayudarnos a conocer su voluntad.

Una *luz* (Salmo 119.105) alumbra el sendero que tomamos para mostrarnos el camino que debemos seguir, nos protege del tropiezo con obstáculos, nos resguarda de apartarnos del sendero y perdernos. La Palabra de Dios es el método común de Dios para revelar su voluntad. La Biblia como luz también disipa las tinieblas de temor y confusión para que podamos andar confiadamente, mano a mano con Dios.

Un *espejo* (Santiago 1.23-25) nos muestra lo que somos cuando lo miramos. Cuando leemos la Palabra de Dios, vemos en sus páginas una reflexión precisa de lo que somos. Somos hijos de Dios, ¡amados y aceptados completamente como somos en Cristo!

El espejo de la Palabra de Dios también nos muestra cuándo nuestras actitudes o acciones no son correctas. Entonces debemos hacer ajustes basados en lo que percibimos como cierto en cuanto a nosotros mismos y no marcharnos y olvidarnos de lo que Dios ha revelado.

Una *espada* (Efesios 6.17) es nuestra arma ofensiva contra las tentaciones, las acusaciones y los engaños de Satanás. Es la Palabra verbal de Dios, la espada del *Espíritu*, y por lo tanto debe ser usada bajo su dirección y en su poder.

Pero esta espada tiene un doble filo. A veces el Señor la usa como un bisturí, realizando una delicada cirugía en nuestros corazones. La sanidad en nuestras vidas algunas veces llega sólo cuando Dios usa su Palabra para cortar las motivaciones impuras y los pecados ocultos en nuestros corazones (Hebreos 4.12-13).

Un *martillo* (Jeremías 23.29) es una herramienta que Dios usa para «romper una roca en pedacitos». Algunas veces nuestros corazones pueden llegar a enfriarse, envejecer, y criar hongos debido a la incredulidad y la desobediencia. Dios toma su Palabra y rompe la dureza de nuestros corazones para revelarse y mostrarnos su voluntad.

La *lluvia y la nieve* (Isaías 55.10-11) proveen humedad esencial para que las cosas vivas crezcan. La Palabra de Dios, como la lluvia y la nieve, es enviada por Aquél que nos ayuda a crecer en nuestra fe. Es poderosa, refrescante y dadora de vida, y jamás fracasa en su intento de satisfacer el propósito por el cual Dios la envía.

La *leche y el alimento sólido* (Hebreos 5.12-14) proveen nutrición esencial para ayudar en el crecimiento humano. Las verdades básicas de la fe cristiana son como la leche para los infantes espirituales. Es lo que necesitan en esa etapa de la vida. ¡Se ahogarían con carne! Se le dice al cristiano nuevo que anhele la Palabra de Dios como los recién nacidos desean la leche, ya que él o ella han probado que Dios es bueno (1 Pedro 2.2-3).

El alimento sólido se refiere a las verdades más profundas de la Palabra de Dios que los más maduros en Cristo necesitan. A medida que festejemos regularmente con el delicioso y saludable alimento de Dios (la Biblia), masticando lo que dice, se nos dará gran energía para conocer a Dios y seguir su voluntad.

Una *correa* (Efesios 6.14) es la verdad que sostiene nuestra «vestimenta» y nuestra «armadura» espiritual en su lugar. Ya que la verdad es la que nos libera, debemos ponernos ese cinto diariamente para permanecer firmes contra las mentiras de Satanás.

Jesús es la verdad, y Él sostiene las cosas en su lugar. Es la Palabra de Dios hecha carne humana. Debemos elegir vestirnos a diario con Cristo y no proveer para nuestra carne en cuanto a sus codicias (Romanos 13.14).

El *agua* (Efesios 5.26) se usa para la limpieza. La Palabra de Dios es el agente purificador que usa el Espíritu de Dios para lavar nuestros corazones del pecado.

La *semilla* (Lucas 8.11) es el comienzo de la plantación de cualquier cosecha. Dios desea cosechar frutos de pensamientos correctos y de rectitud en nuestras vidas. Él planta la semilla de su Palabra y a través del tiempo obtiene su cosecha. Empero, si dejamos que el diablo tenga lugar en nuestras vidas, puede hacer que olvidemos esa Palabra.

Además, el miedo a lo que piensen los demás, el amor al dinero, las preocupaciones acerca del futuro, las relaciones disfuncionales, y muchas otras cosas pueden impedir que fructifique la cosecha de Dios. Debemos elegir decir que «no» a las cosas que puedan hacer que nuestro «noble y buen corazón» (Lucas 8.15) se endurezca para con Dios.

El *fuego* (Jeremías 23.29) también se usa para purificar. El fuego ardiente derrite el oro y hace que las impurezas (escoria) salgan a la superficie donde se puedan recoger. El producto final es un oro más puro y valioso que lo que era anteriormente. La Palabra de Dios, cual fuego ardiente, derrite las áreas de egoísmo en nuestras vidas, para que nuestra fe llegue a ser más pura y preciosa ante su vista.

## Es una carta de amor

Dios pudo haber decidido dejarnos aquí en la tierra a nuestro propio riesgo. En lugar de eso, le escribió una carta de amor a cada uno de sus hijos. La llamamos la Biblia. Dios se revela a sí mismo para que podamos conocerle a Él y a su voluntad.

Sin embargo, es fácil esquivar el conocimiento de Dios en nuestra ansiedad por hacer lo que Él desea. Debemos recordar que la razón principal por la que Dios nos dio su Palabra es para que podamos amar a Jesús. *La Palabra de Dios* nos dirige *al Hijo de Dios*, como Jesús mismo les dijo a los líderes religiosos de sus días: «Escudriñad las Escrituras; porque a vosotros os parece que en ellas tenéis la vida eterna; y ellas son las que dan testimonio de mí; y no queréis venir a mí para que tengáis vida» (Juan 5.39-40).

¿Por qué andaban mal esos líderes judíos? ¿Estaba Jesús enojado con ellos porque estudiaban la Biblia? ¡De ninguna manera! Eso era lo único que hacían bien. Su problema era que se detuvieron ante las *palabras* de las Escrituras y obviaron el asunto tras las palabras. ¿Cuál era el punto? Jesús mismo.

Cualquier estudio de la Palabra de Dios que procure buscar la voluntad de Dios falla en su propósito si no nos señala hacia un amor más profundo por Jesús así como hacia mayor fe en Él.

¿Cómo crees que me (Rich) sentiría si mi pequeñito, Brian, de un año y medio de edad, se me acercara un día y dijera: «Papi, ¿podrías escribir en esta hoja de papel todas las cosas que quisieras que hiciera hoy? Quiero asegurarme de que voy a obedecerte».

Al principio quizás tendría que levantarme del suelo (especialmente si a esa edad no podía decir mucho más que «¡Yo no!» y «Papi eructó»). Pero suponiendo que fuera lo suficientemente adulto como para hablar, me sentiría bastante feliz. «El joven por fin está aprendiendo un poco de responsabilidad», tal vez me diría.

Pero, ¿y si hiciera eso todos los días? ¿Y si el único contacto diario que tuviera con él fuera para que me entregara la lista de «quehaceres»?

Pronto comenzaría a sentir que nuestra relación está vacía. Anhelaría sostenerlo y jugar con él. Después de un día tendría que ponérmelo en la falda, abrazarlo, y decirle lo que *realmente* era importante para mí: nuestra relación.

Quiero que Brian haga lo que yo digo porque me conoce, porque sabe que lo amo, y sabe que no quiero ninguna otra cosa sino lo mejor para él. Esa es la manera en la cual nuestro Padre celestial quiere que nos acerquemos a su Palabra. Sin embargo, nuestro problema es que frecuentemente somos engatuzados por el diablo para que no pasemos tiempo con la Biblia. O si la leemos, nos resulta tan reseca como el trigo desmenuzado en el desierto y sin leche.

En base a mis años trabajando con la juventud, estas son las quejas más comunes que he encontrado en cuanto a la inversión de tiempo con la Palabra de Dios:

- ¡Es tan aburrida! No saco nada de ella.
- ¡Es tan larga! No sé dónde comenzar a leerla.
- ¡Es tan difícil concentrarse en ella! Encuentro mi mente vagando por todas partes y algunas veces me duermo.
- ¡Es tan difícil de entender!

Es probable que, si has sido cristiano por algún tiempo, has experimentado algunos de estos problemas o todos ellos. Pero no todo el mundo se siente de esta manera en cuanto a la

Biblia. ¡Muchas veces los cristianos novicios se sumergen en la Palabra de Dios y prácticamente hay que sacarlos para que salgan a respirar! Aun algunos cristianos maduros adolescentes han desarrollado una relación amorosa consecuente con Dios mediante su Palabra. ¿Cuál es su secreto?

Realmente no hay ningún secreto. Dios nos dio en su Palabra algunos principios básicos diseñados para capacitarnos a fin de sacarle el mejor provecho.

## La entrada

Primero, necesitamos reconocer nuestra necesidad de la Palabra de Dios. Cuando Satanás tentó a Jesús a escuchar su barriga en lugar de a su Dios, Jesús replicó: «El hombre no vive sólo de pan, sino de toda palabra que sale de la boca de Dios» (Mateo 4.4).

¿Cuánto tiempo tendrías que pasar sin alimento antes de que tu cuerpo comience a hacerte saber que está hambriento? (Para algunos de ustedes, ¡la respuesta a esa pregunta se daría en microsegundos!) De una u otra manera todos aprendemos a una edad temprana que nuestros cuerpos necesitan comida. Así sucede con nuestras almas. ¡La Palabra de Dios es la «comida para el alma»!

Segundo, necesitamos darnos cuenta de que el diablo va a enojarse cuando tratemos de involucrarnos en la Palabra de Dios. ¿Por qué eso es así? Jesús enseñó: «Jesús les dijo a los judíos que habían creído en Él: Si ustedes se mantienen fieles a mi palabra, serán de veras mis discípulos; conocerán la verdad, y la verdad os hará libres» (Juan 8.31-32, *Dios habla hoy*).

El diablo quiere mantenerte amarrado para que hagas su voluntad. Jesús desea hacerte libre para que hagas la voluntad de Dios. Entonces no debe sorprendernos que nos encontremos en medio de un campo de batalla.

La batalla es por nuestra mente. Nuestras vidas son cambiadas por Dios mediante la renovación de nuestras mentes.

Satanás, el dios de este siglo, desea usar al mundo a tu alrededor para forzarte a su molde (Romanos 12.1-12).

¿Cómo ganar en esta batalla? Santiago 4.7 dice: «Someteos, entonces a Dios. Resistid al diablo, y él escapará de vosotros». ¿Cómo te «sometes» a Dios? Comienza pidiéndole al Señor que le revele a tu mente las maneras en las cuales has herido al Espíritu de Dios y le has dado acceso al diablo en tu vida. Confiesa cualquier pecado que te revele, reclamando el perdón y la limpieza de Dios basado en 1 Juan 1.9. Y si tu mente es distraída por las preocupaciones o las ansiedades del día, entrégale cada uno a Dios en oración. Puedes echar todas tus ansiedades sobre Él porque se encargará de ti (1 Pedro 5.7).

Casi siempre es necesario un trabajo minucioso para encontrar libertad en Cristo y esto siempre es útil en la resistencia contra el diablo. Recomendamos que andes por *Los pasos hacia la libertad en Cristo* (ve el apéndice) por ti mismo o con un adulto de confianza.

Tercero, ora antes de leer la Biblia, y mantén una actitud de oración mientras lees. ¿Por qué? La Biblia fue escrita por Dios (mediante humanos), y sólo Él puede decirte lo que realmente significa y cómo desea que uses lo que dice. ¡Te asombrarás de los conocimientos relacionados con tu vida que el Señor te dará mientras lees su Palabra en oración! Quizás no haya cosa más excitante, empero humillante, que tener el claro sentido de que Dios te está hablando.

Por ejemplo, mi esposa, Shirley, y yo (Rich) estábamos recién casados. Pasábamos por algunos problemas financieros y de salud. Yo tenía catarro, y Shirley estaba recuperándose de él. Finalmente estábamos comenzando a sentirnos a gusto en nuestro nuevo apartamento en las afueras de Filadelfia. Shirley, que había vivido toda su vida en el sur, estaba comenzando a ajustarse a la vida de yankee.

Lo último que se nos podía ocurrir era una mudanza. Entonces llegó una carta del liderazgo de nuestro ministerio. ¡Nos pedían que consideráramos mudarnos a Manila, Filipinas!

Mi reacción inicial fue gruñir y decirle a mi esposa: «¡De ninguna manera!» He estado en las Filipinas. Es tan caliente y húmedo. Y Manila está superpoblada, sucia y contaminada. No creo que Dios esté pidiéndonos que nos mudemos allí». La reacción de Shirley fue echarse a llorar. La expectativa de mudarnos otra vez, tan rápidamente, le resultaba como una pesadilla.

Sin embargo, ¡para ponerme más ansioso!, después de pasar el tiempo, Shirley comenzó a cambiar de parecer. Yo no quería ir (me encanta el clima frío y la nieve), y tampoco deseaba que ella lo quisiera. Pero comenzó a emocionarse en cuanto a la oportunidad para el ministerio. Muy adentro, tenía que reconocer que era una maravillosa puerta abierta para la obra de Dios.

El liderazgo de nuestro ministerio nos urgía de manera cariñosa, pero firme, que consideráramos ir en oración. Teníamos las calificaciones necesarias y como no teníamos niños ni una casa, la mudanza sería más fácil para nosotros que para otros.

Al fin, llegué al punto de decir: «Padre, que no se haga mi voluntad, sino la tuya». No hay duda alguna de que, para llegar a esto, se libró una batalla. Pero fue el descubrimiento que el Señor estaba ocasionando para que pudiera mostrarme su voluntad.

Fui a su Palabra, pidiéndole que me mostrara claramente si era su voluntad para nosotros. Leía en oración cuando sentí una fuerte motivación a ir a Mateo 28.18-20, la Gran Comisión. Las palabras me golpearon de una manera nueva y fresca: «Id y haced discípulos de todas las naciones».

La decisión era mía. ¿Iría o me quedaría?

«Pero, Señor», protesté, «quiero quedarme aquí en los EE.UU. y ayudar a traer el reavivamiento a los estudiantes estadounidenses».

«Vete», repitió.

«Pero me creaste para que me gustara el frío. Realmente voy a sufrir en el trópico», me quejé.

Entonces tuve esta visión mental en donde estaba parado ante el trono del juicio de Cristo, explicándole que la razón por la cual no fui a las Filipinas fue porque no me gustaba sudar. De una manera u otra me imaginé que Dios no se impresionaría mucho por mis argumentos.

Me consoló con estos versículos en Mateo 28 recordándome que estaría conmigo en todo el camino.

Finalmente se derrumbaron todas mis defensas. Dije: «Muy bien, Señor».

No hay suficiente espacio en este libro para cubrir todas las grandes cosas que Dios hizo en y través de nosotros durante nuestros dos años y pico en las Filipinas.

¿Fue difícil? Sí. ¿Sufrí? Sí, pero no sólo del calor sino de pulmonía y asma (por la contaminación ambiental).

Así que, ¿realmente fue la voluntad de Dios? ¡Así mismo fue! ¿Estamos contentos por haber ido? En absoluto. (Y, sinceramente, ¡también estamos contentos de haber regresado!)

¿Acaso mi deseo de ver el reavivamiento llegar a los adolescentes estadounidenses no era la voluntad de Dios para mí? Sí, era la voluntad de Dios, de todas formas. Pero el momento no era el indicado. Tenía que realizar cirugía mayor en mi vida antes de abrir esa puerta. Y sucede que su mesa de operaciones estaba en las Filipinas.

Dios me ofreció dirección mediante su Palabra me preparó para hacer su voluntad. Él también desea guiarte.

Una cuarta pista que te ayudará a acercarte a la Biblia es mirarla como un montón de libritos unidos para hacer un libro grande. Lee uno de los «libritos» a la vez y entonces prosigue a otro. No permitas que su tamaño te intimide. Y no sientas que tienes que comenzar tu lectura en el Génesis, aunque hay muchas cosas buenas en ese libro. Dios puede hablarte en cada página de su Palabra.

Sugerimos que empieces con uno de los «libritos» llamados los evangelios: Mateo, Marcos, Lucas o Juan. Pídele al Señor que te abra los ojos y tu corazón para ver a Jesús como realmente es. Ese es el trabajo del Espíritu Santo, según el Evangelio de Juan:

> *Pero cuando venga el Espíritu de verdad, Él os guiará a toda la verdad; porque no hablará por su propia cuenta, sino que hablará todo lo que oyere, y os hará saber las cosas que habrán de venir. Él me glorificará; porque tomará de lo mío, y os lo hará saber (Juan 16.13-14).*

Finalmente, ve a la Palabra de Dios con fe y anticipación. Dios te ama. Tiene grandes cosas para ti. Desea hablarte. No te pongas ansioso, pensando que tienes que descubrir alguna gran verdad. Relájate. El Espíritu de Dios está perfectamente dispuesto y es capaz de revelarte lo que necesitas ver y conocer.

Te aguarda un increíble tesoro de verdad y amor, como declaró el apóstol Pablo en 1 Corintios 2.9-10: «Antes bien, como está escrito: Cosas que ojo no vio, ni oído oyó, ni han subido en corazón de hombre, son las que Dios ha preparado para los que le aman. Pero Dios nos las reveló a nosotros por el Espíritu; porque el Espíritu todo lo escudriña, aun lo profundo de Dios».

Un creciente conocimiento de la Palabra de Dios es esencial para tomar decisiones sabias según la voluntad de Dios. Su Palabra está llena de mandamientos que hemos de obedecer, ellos revelan su voluntad en muchas áreas de manera clara. Estos mandamientos no están supuestos a ser cargas pesadas (1 Juan 5.3). Han sido dados por nuestro Padre celestial para protegernos de lo que es dañino y proveernos de lo que es bueno.

Imagínate que somos ovejas, pastando en una hermosa y verde campiña en una planicie alta. Tenemos mucha tierra en donde vagar y comer satisfechos. Sin embargo, alrededor del margen de esta pradera el pastor ha construido una verja.

Miramos a través de las tablillas de la verja, curiosos en cuanto a lo que se encuentra más allá de esa barrera. Allí, al otro lado, hay un precipicio escarpado, de varios cientos de metros de altura. Sólo a menos de un metro de distancia, justamente más allá de nuestro alcance, hay una yerba muy atractiva al borde del precipicio. Aunque nos esforzamos y nos estiramos, realmente no podemos alcanzarla.

Uno de nuestros amigos, un carnero, está determinado a alcanzar esa deliciosa yerba. Así que comienza a correr, alcanza suficiente impulso, y arremete contra la verja. La golpea con tanta fuerza que se dobla, y él continúa a través de ella... y hacia abajo.

¿Fue cruel el pastor por haber construido la verja? No, estaba siendo amoroso. El carnero aprendió eso de manera difícil. De igual forma, Jesucristo, nuestro Pastor, establece límites para nuestras vidas. Se llaman «mandamientos». Una vez que llegamos a ver que estos límites son para nuestro propio bien, la vida será mucho más fácil para nosotros.

Dios jamás nos dirige a tomar una acción contraria a lo que la Biblia enseña. Su Palabra *es* su voluntad. Por ejemplo, la Biblia dice que debemos huir de la inmoralidad sexual (1 Corintios 6.18). ¿Por qué nos dice que hagamos eso? Porque nuestros cuerpos son el templo del Espíritu Santo y debemos honrarle mediante lo que hagamos. No importa cuanto tú o tu novio/a se amen el uno al otro, la relación sexual antes del matrimonio *jamás* es la voluntad de Dios. Simplemente siempre está mal, aun si planificas «casarte» algún día.

No importa cuán fuerte sea el deseo que tengas o cuán brillante podría parecer una idea, si viola un mandamiento o un principio de la Palabra de Dios, no es de Dios. Es así de sencillo. Pero la obediencia a Dios algunas veces puede ser más fácil con la boca que con los hechos.

Durante mi (Rich) último año de universidad, realmente quería ser testigo de Cristo en mi especialidad (meteorología). Estaba muy animado. Un día me enteré de un seminario que uno de mis profesores ofrecía. En el mismo él intentaría describir cómo algunos de los milagros en la Biblia podían explicarse científicamente como «ilusiones ópticas». El hombre había escrito un ensayo que sugería que el cruce del Mar Rojo y la caminata de Jesús sobre el agua pudieron haber sido ilusiones ópticas.

Muchacho, ¡yo estaba muy enojado! ¡Realmente quería poner a este tipo en su lugar por atreverse a sugerir que la Biblia no era cierta! Traté de obtener una copia de su conferencia para estudiarla, pero la única que pude encontrar se encontraba sobre el escritorio de un estudiante de posgrado.

Realmente sentí que debía obtener esa conferencia. Deseaba asegurarme de que mis armas estaban cargadas y listas. Después de todo, ¡el seminario era al otro día! Así que decidí que debía tomar la copia del estudiante de posgrado. «Simplemente la tomaré prestada por un tiempo», me dije. «¿De qué otra manera puedo prepararme?»

Afortunadamente, unos creyentes más adultos y maduros me detuvieron de inmediato. «Eso sería hurtar», dijeron. Protesté, diciendo que podía dejar una nota sobre el escritorio. «Pero, ¿y si la necesita?» dijeron. «Sólo me quedaré con ella por un tiempo», expliqué.

Gracias a Dios, finalmente escuché a mis hermanos en Cristo, hubiera surgido un escándalo grave. ¡Habría sido culpable de quebrantar la ley de Dios en el nombre de hacer la voluntad de Dios!

El *mandamiento* de la Biblia era obvio: «No robarás». Tomar algo que no te pertenece simple y sencillamente está mal. Pero *el principio* de la Palabra de Dios que violé no era tan obvio. ¿Cuál había sido mi actitud? Realmente humillar a ese profesor. Empero, 1 Pedro 3.16 nos instruye a defender la fe cristiana «con humildad y respeto» (*Dios habla hoy*).

Creo que mi actitud iracunda y resentida hacia el profesor había abierto la puerta en mi vida para que el diablo me engañara (Efesios 4.26-27) guiándome a pensar que llevarme la conferencia hubiera sido para una «causa noble».

## Una lección esencial

Hay otra lección crítica que aprender de mi equivocación: Es muy fácil emocionarse tanto en cuanto a una idea, una impresión, un sueño, o una meta que perdemos contacto con la dirección de Dios y su voluntad. En esos estados mentales y emocionales tan enérgicos, se nos pueden ocurrir una y un millón de razones por las cuales cierto versículo bíblico no es válido para nosotros. ¡Precaución! En momentos como esos es posible que no puedas discernir la voluntad de Dios por tu cuenta. Tendrás que ir a un creyente más sabio y maduro en Cristo (que no esté involucrado emocionalmente) para que te oriente. Él o ella podría protegerte de un gran error.

Sin embargo, no te conviertas en un vago. Esta no es una licencia para descuidar el estudio bíblico personal. Cada uno de nosotros tiene la responsabilidad de aprender cómo estudiar la Palabra de Dios por nosotros mismos e interpretarla correctamente, como nos dice con claridad 2 Timoteo 2.15: «Haz todo lo posible por presentarte delante de Dios como un trabajador aprobado que no tiene de qué avergonzarse, que enseña debidamente el mensaje de la verdad» (*Dios habla hoy*).

Sé muy cuidadoso también en cuanto a la lectura de la Biblia con la esperanza de que algún versículo «cuadre» contigo. Asegúrate de que lo que crees que la Biblia está diciendo se alinea con toda la enseñanza de las Escrituras. Una palabra aislada, una frase, o una oración sacada de su contexto puede aparentar decir algo completamente diferente a lo que Dios deseaba expresar mediante ella.

Recuerda, aun el diablo trató de usar la Palabra de Dios para tentar a Jesús en el desierto. Mateo registró ese incidente en el cuarto capítulo de su evangelio:

*Entonces el diablo le llevó a la santa ciudad, y le puso sobre el pináculo del templo, y le dijo: Si eres Hijo de Dios, échate abajo; porque escrito está: A sus ángeles mandará acerca de ti, y, en sus manos te sostendrán, para que no tropieces con tu pie en piedra. Jesús le dijo: Escrito está también: No tentarás al Señor tu Dios (Mateo 4.5-7).*

Satanás conoce la Palabra de Dios en su totalidad, y tratará de usarla para aventajarse. En este caso citó el Salmo 91.11-12, pero lo sacó de su contexto, torciendo su significado original y usándolo como herramienta de tentación. Jesús jamás siquiera parpadeó. Citó Deuteronomio 6.16 correctamente y puso al diablo en su lugar.

Si en algún momento estás confundido en cuanto a lo que la Palabra de Dios dice respecto a la voluntad de Dios, pídele sabiduría al Señor. Si dos Escrituras parecen contradecirse, estás interpretando, al menos una de ellas, de manera incorrecta. Podría ser necesario que hablarás con tus padres o el pastor para resolver tu dilema.

Una vez más, te animamos a que te relajes y disfrutes tu lectura de la Palabra de Dios. Es la vía principal mediante la cual tu amoroso Padre celestial se revela a sí mismo así como su voluntad.

No trates de profundizar para encontrar versículos bíblicos que respondan a preguntas tales como qué debes hacer primero en la mañana, cepillarte los dientes o ponerte desodorante. A Dios no le importa el orden en que lo haces, ¡después que lo hagas! (Mateo 7.12) Algunas cosas simplemente no importan. Otras requieren simple sentido común. ¡Usa tu cabeza!

El diablo quiere que nos quedemos estancados en quehaceres triviales. Dios quiere que caminemos con Él a través de las páginas de su Palabra, creciendo en nuestro amor por Él y en nuestra capacidad de escuchar la voz del Pastor. La oración del apóstol Pablo por los creyentes colosenses resume esto perfectamente:

*Por lo cual también nosotros, desde el día que lo oímos, no cesamos de orar por vosotros, y de pedir que seáis llenos del conocimiento de su voluntad en toda sabiduría e inteligencia espiritual, para que andéis como es digno del Señor, agradándole en todo, llevando fruto en toda buena obra, y creciendo en el conocimiento de Dios; fortalecidos con todo poder, conforme a la potencia de su gloria, para toda paciencia y longanimidad; con gozo dando gracias al Padre que nos hizo aptos para participar de la herencia de los santos en luz (Colosenses 1.9-12).*

¿Expresa la oración de Pablo el deseo de tu corazón? Dios responderá a esa oración mediante su Palabra.

***Querido Padre celestial, tu Palabra es verdad. Es viva y activa, más afilada que cualquier espada de doble filo. La usas para juzgar los pensamientos y las motivaciones de mi corazón para que pueda conocerte a ti y a tu pura voluntad. La usas para destrozar las mentiras del diablo.***

***Gracias porque la Biblia está inspirada por ti y es útil para enseñarme lo que necesito saber, por mostrarme en dónde estoy equivocado, por corregirme, y por entrenarme para vivir de manera correcta.***

***Ayúdame a ver tu Palabra como una carta amorosa de ti para mí. Llena mi corazón con el anhelo de escuchar tu amable y silenciosa voz dirigiéndome a través de sus páginas. Enséñame tu voluntad mediante el Espíritu de verdad mientras leo la Biblia, y por favor protege mi mente del autoengaño y de todos los trucos del enemigo. Me comprometo a hacer sólo tu voluntad. En el nombre de Jesús. Amén.***

Capítulo 9

# La paz mental

*Todo duerme en derredor*. Las palabras de la canción navideña «Noche de paz» eran una atractiva invitación para mi (Rich) cansado cuerpo a la una de la madrugada en nochebuena. Había terminado, infructuosamente, de tratar de armar parte del «gran regalo» para mi hija, ¡una cocina plástica con teléfono y todo! Algo del sencillo gozo de esa primera Navidad pareció perderse en medio de mi frenético martilleo y mis frustrados gruñidos.

Me pregunto con frecuencia cómo nos las hemos arreglado en este país para mantenernos tan ocupados. ¿Equivale andar atareado a estar santificado? Uno podría pensar de esa manera, al ver a los cristianos alardear en cuanto a cuán ocupados están sus itinerarios. ¿Han sido acaso tragadas, en la acción y en la actividad, la paz y la quietud en nuestras vidas y en nuestros corazones? ¿Hemos perdido nuestra habilidad de estar quietos y saber que Él es Dios (Salmo 46.10)? Temo que, para muchos de nosotros, aun los cristianos sinceros, ese es el caso. Hemos sido seducidos por el espíritu de la era que dice que no podemos ser felices o estar a gusto a menos que estemos haciendo algo.

Si las cosas continúan en su estado actual y los padres cristianos y los jóvenes no despiertan, es muy posible que veamos toda una generación atrapada por una epidemia de agotamiento. La violencia, el uso de narcóticos, el alcoholismo, el suicidio, y toda una plaga de desórdenes mentales y emocionales ocurrirán si no aprendemos que «En descanso y en reposo seréis salvos; en quietud y en confianza será vuestra fortaleza» (Isaías 30.15).

Aunque el problema va más allá de la hiperactividad. Ésta frecuentemente es síntoma de un problema más profundo, un corazón agitado impelido a la actividad por ese cruel supervisor, la ansiedad, o la falta de *paz.*

## Esa maravillosa palabra

Hay tres clases de paz descritas en la Biblia: paz con Dios, paz en la tierra y la paz de Dios.

La primera, *paz con Dios,* ya le pertenece a cada cristiano. Aunque estuvimos en guerra con Dios y, en realidad, fuimos sus enemigos, eso está resuelto. Escucha las palabras de Pablo, el antiguo enemigo de Jesucristo:

> *Así pues, libres ya de culpa gracias a la fe, tenemos paz con Dios por medio de nuestro Señor Jesucristo. Porque si Dios, cuando todavía éramos sus enemigos, nos puso en paz consigo mismo mediante la muerte de su Hijo, con mayor razón seremos salvados por su vida, ahora que ya estamos en paz con Él (Romanos 5.1,10,* Dios habla hoy*).*

¡Se acabó la guerra! Es un asunto resuelto. En Cristo hemos sacado la bandera blanca y nos hemos rendido a nuestro Rey conquistador, Jesús. Pero no somos prisioneros de guerra aguardando juicio en la corte celestial de justicia. Ahora somos amigos, eternamente en paz con Dios mediante lo que Cristo hizo por nosotros.

Si luchas con una molesta ansiedad de que Dios un día va a acusarte, ¡anímate! Romanos 8.1 dice: «Así pues, no hay ninguna condenación para los que están unidos a Cristo Jesús». (*Dios habla hoy*)

¡Créelo! Si eres cristiano, ¡*tienes* paz con Dios!

La segunda clase de paz, *paz en la tierra*, es algo que anticipamos cuando Jesucristo reine en la tierra como Príncipe de paz. Desafortunadamente, hasta ese entonces, las guerras seguirán siendo una horrible realidad de la vida.

Es el último «asunto de paz» en el que queremos enfocarnos en lo que resta de este capítulo, porque es parte importante de la voluntad de Dios para nuestras vidas.

## El remedio de Dios

Paz. Es el remedio de Dios para un mundo enloquecido. Es vivir la vida en el ojo de la tormenta en donde una brisa delicada baña nuestros espíritus mientras un huracán de prisa y preocupación ruge a nuestro derredor. Es el «servicio secreto» de Dios que protege nuestros corazones y mentes en Cristo Jesús (Filipenses 4.6-7).

Cuando conversamos de experimentar la *paz de Dios*, no estamos hablando de la ausencia de conflictos o problemas. Estamos hablando en cuanto a experimentar la paz en medio de las pruebas... una paz que con frecuencia se marcha después de la primera señal de conflictos. Esta inquietud en nuestras almas viene de creer varias mentiras devastadoras acerca de Dios y su voluntad.

La primera área de ansiedad viene de creer la mentira de que es más importante *servirle a Dios* que *buscar a Dios*. En el evangelio de Lucas encontramos el relato de dos hermanas que aprendieron lo que realmente era importante para Jesús:

*Aconteció que yendo de camino, entró en una aldea; y una mujer llamada Marta le recibió en su casa. Esta tenía una hermana que se llamaba María, la cual, sentándose a los pies de Jesús, oía su palabra. Pero Marta se preocupaba con muchos quehaceres, y acercándose dijo: Señor, ¿no te da cuidado que mi hermana me deje servir sola? Dile, pues, que me ayude. Respondiendo Jesús, le dijo: Marta, Marta, afanada y turbada estás con muchas cosas. Pero sólo una cosa es necesaria; y María ha escogido la buena parte, la cual no le será quitada. (Lucas 10.38-42)*

¿Está mal servirle a Cristo? ¡Por supuesto que no?... a menos que nos robe nuestra comunión íntima con el Señor. Porque Jesús dijo que buscarlo era más importante que servirle. ¡Nuestro servicio *por* Cristo está supuesto a ser un flujo de nuestra relación *con* Él!

No permitas que te engañen. Primero, aprende a pasar tiempo callado y sin prisa en la presencia de Dios, en la Biblia y en oración. Él te acercará a sí mismo y te mostrará cómo servirle. Dios no se complace por nuestros esfuerzos para hacer lo que presumimos es su voluntad. Puedes descansar en paz, sabiendo que te guiará mientras esperas su dirección.

Quizás Dios te ha llevado a una manera de vivir muy ocupada. De ser así, necesitas asegurarte de que aunque tu itinerario sea como el de Marta, ¡tu corazón sea como el de María!

La siguiente área de ansiedad viene de creer la mentira de que la felicidad y el éxito provienen de la acumulación de *cosas*. Jesús sabía que teníamos que luchar con esto, así que lo resolvió en Mateo 6:

*No os hagáis tesoros en la tierra, donde la polilla y el orín corrompen, y donde ladrones minan y hurtan; sino haceos tesoros en el cielo, donde ni la polilla ni el orín corrompen, y donde ladrones no minan ni hurtan. Porque donde esté vuestro tesoro allí estará también vuestro corazón. (Mateo 6.19-21)*

Si crees que necesitas cierto tipo de ropa, equipo de computadoras, equipo estereofónico, autos, casas, y vacaciones para traerte felicidad, entonces trabajarás como un loco para conseguir esas cosas, y estarás ansioso hasta que las obtengas, y no tendrás paz.

«¿Me irá lo suficientemente bien en la escuela como para entrar en la universidad correcta? ¿Me irá lo suficientemente bien en la universidad como para conseguir el trabajo correcto? ¿Obtendré el trabajo adecuado para que reciba el salario indicado?» Y así por el estilo.

## La luz de precaución está parpadeando

La rueda materialista jamás se detiene. Una vez que obtienes lo que deseas, algo mucho mejor aparece y estarás ansioso hasta que también lo consigas. Y con el aumento de la riqueza viene la creciente ansiedad en cuanto a los costos de reparación y los medios elaborados para proveer seguridad para tus posesiones.

Al final, no terminarás poseyendo tus juguetes. Ellos te poseerán.

Hoy tienes que decidir a quién vas a servir (Josué 24.15). Como es usual, Jesús no escatimó nada mientras continuó su predicación acerca del dinero: «Ninguno puede servir a dos señores; porque o aborrecerá al uno y amará al otro, o estimará al uno y menospreciará al otro. No podéis servir a Dios y a las riquezas» (Mateo 6.24).

La elección es tuya: O crees que Dios se ocupará en definitiva de ti y tus necesidades futuras, o creerás que tu búsqueda de dinero te proveerá la seguridad y el placer que deseas. Pero aquí no hay un término medio. Jesús mismo lo dijo: Simplemente no puedes servirle a dos maestros. No hay excepciones a la regla.

El camino de Jesús es de paz, no ansiedad, concentrándose en el presente (Mateo 6.25-32). Observa que se puede confiar en que tu Padre en el cielo, que se ocupa de las plantas y los animales a tu alrededor, se ocupará de tu futuro. ¿Por qué? Porque somos de mucho más valor para Él que los pájaros y las flores. Recuerda, ¡Dios *te ama*! Y una vez que empieces a vivir esa verdad, experimentarás la paz de Dios. Jesús lo resumió de esta manera:

> *Mas buscad primeramente el reino de Dios y su justicia, y todas estas cosas os serán añadidas. Así que, no os afanéis por el día de mañana, porque el día de mañana traerá su afán. Basta a cada día su propio mal (Mateo 6.33-34).*

## Un relato increíble

Hace varios años, un amigo íntimo nuestro estaba en una reunión matutina de oración cuando se sintió muy impresionado de parte del Señor para que orara por su esposa. Mientras decía «amén», recibió un mensaje en su «buscapersonas» para que llamara a su casa.

Unos minutos antes, su esposa se había despertado por un golpe en la puerta. Unos pintores (de los cuales al menos uno era cristiano) habían decidido a última hora dejar una pintura en la casa contigua, aunque no habrían de empezar el trabajo hasta el día siguiente. Los pintores vieron un fuego. Había comenzado cuando una tormenta de viento empujó un cable de la electricidad hacia una rama de palmera seca junto a la casa de nuestro amigo. El fuego se había esparcido rápidamente al techo de nuestro amigo, algo que la mujer, que dormía, desconocía... hasta que los pintores tocaron a la puerta.

La casa fue destruida y la mayoría de sus posesiones se dañaron sin esperanza de recuperarlas, pero los dos estaban a salvo.

En cuestión de unos meses nuestros amigos pudieron mudarse a una casa nueva, la compañía aseguradora había reemplazado todo. Fue como un sueño hecho realidad cuando pudieron elegir los colores de la pintura, las cortinas y la alfombra. ¡Eran testigos vivos de la verdad de que Dios «tiene poder para hacer muchísimo más de lo que nosotros pedimos o pensamos, por medio de su poder que actúa en nosotros»! (*Dios habla hoy*.)

A través de todo lo que esta pareja soportó, se constituyeron en un ejemplo increíble de esta verdad: «Señor, tú conservas en paz a los de carácter firme, porque confían en ti. Confíen siempre en el Señor, porque Él es refugio eterno» (Isaías 26.3-4, *Dios habla hoy*).

Pero este no es el final del relato. Colgué (Rich) el teléfono después de haber escuchado más noticias tristes acerca de estos dos consagrados siervos del Señor.

Justamente antes de Navidad, su gozo se convirtió en desaliento cuando perdieron a su segundo niño en un aborto. (Hasta la palabra suena fría.) Una vida humana, tan preciosa para esta pareja a quienes el embarazo había llegado con dificultad, se había ido. El niño se fue de manera segura a los brazos de nuestro Padre en el cielo, pero una vacua pena todavía llena el alma de nuestros amigos.

¿Es posible que esta pareja todavía camine en paz? ¿Acaso la ansiedad los vencerá y morderá sus corazones mientras piensan acerca de futuros embarazos?

Ese todavía no es el final del relato. Después de una semana de vacaciones navideñas fuera de la casa con la familia, regresaron para encontrar su casa cerrada por la policía. Mientras se marcharon, un grupo de traficantes de drogas entraron en su casa y la convirtieron en un laboratorio para hacer metanfetamina (*speed*). Los intrusos se robaron la mayoría de las cosas de valor, pero eso no fue lo peor. Durante su estadía, había explotado gas metano, destruyendo la casa. Lo que no se destruyó con la explosión se contaminó por el gas venenoso que despidió la explosión. Básicamente, perdieron todas sus posesiones terrenales una vez más.

Pocas personas lo pierden todo. Para esta pareja, ¡había sucedido dos veces en dos años!

¿Cómo es posible la paz en el corazón y la mente cuando

todo el infierno parece andar suelto a nuestro alrededor? Es asunto de dónde realmente está tu tesoro (lo que más valoras), porque Jesús dijo que donde este vuestro tesoro allí también estará tu corazón (Mateo 6.21).

Para Roger y Deggie McNichols, hay una poderosa y profunda paz que guarda sus corazones y mentes en este día. Esta es la paz de Dios. No vino sin una batalla con la ira, la depresión y la ansiedad. Pero vino. ¿Por qué? Porque el fuego, los ladrones, y una explosión pudieron haber destruido sus posesiones, pero esas cosas jamás tocaron su verdadero tesoro. Lo que más valoraban, entrar en el gozo de su Maestro, y disfrutar de las recompensas de servirle a su Señor Jesucristo, les espera de manera firme y segura en el cielo. Ellos descansan seguros en los brazos de su Padre celestial.

Así que, ¿qué haces cuando la ansiedad se aferra a tu alma, desangrándote de paz y fortaleza? Filipenses 4.6-9 da la cura:

*Por nada estéis afanosos, sino sean conocidas vuestras peticiones delante de Dios en toda oración y ruego, con acción de gracias. Y la paz de Dios, que sobrepasa todo entendimiento, guardará vuestros corazones y vuestros pensamientos en Cristo Jesús. Por lo demás, hermanos, todo lo que es verdadero, todo lo honesto, todo lo justo, todo lo puro, todo lo amable, todo lo que es de buen nombre; si hay virtud alguna, si algo digno de alabanza, en esto pensad. Lo que aprendisteis y recibisteis y oísteis y visteis en mí, esto haced; y el Dios de paz estará con vosotros.*

## Una receta para las mentes preocupadas

¿Te diste cuenta? De no ser así, he aquí la receta que Dios nos escribió para aliviar la ansiedad:

*Descarga todo el asunto a Dios en oración.* Dile qué es lo que te preocupa. Pedro lo dijo de esta manera: «Echando toda vuestra ansiedad sobre Él, porque Él tiene cuidado de vosotros» (1 Pedro 5.7). Dios realmente se preocupa, así que no importa cuán grande o pequeña sea tu preocupación, ¡puedes contársela!

*Dale las gracias a Dios porque se preocupa y porque está en control.* Darle las gracias demuestra fe y te recordará que Dios es lo suficientemente grande como para tratar tus problemas. Mucha ansiedad proviene de una falsa creencia de que tenemos que controlar lo que sucede a nuestro alrededor, las personas, las circunstancias, nuestro futuro. ¡No! Nuestros tiempos están en las manos de Dios (Salmo 31.15).

*Elige enfocar tus pensamientos en las cosas verdaderas y buenas.* Estas son cosas como el amor, el poder y la sabiduría de Dios. Rehúsa ocuparte en pensamientos negativos que puedan llevarte de vuelta a la preocupación o el temor. De ser necesario, toma una hoja de papel y divídela en dos columnas. En la izquierda, escribe las cosas que *conoces* como ciertas. En la derecha, escribe las cosas que *crees* o *sientes* que podrían ser ciertas. A esas les llamamos «especulaciones». Ora y pídele a Dios que te ayude a separar la *verdad* de la mera *especulación*. Nuestras imaginaciones tienden a crear imágenes en nuestras mentes basadas en lo peor que puede suceder, usa la disciplina para concentrarte en las cosas que son ciertas.

*Decídete a vivir de manera responsable.* Haz lo que puedas de acuerdo con las instrucciones de la Escritura. Procura ser un pacificador, si una relación no es como debería ser (Mateo 5.9). «Si es posible, en cuanto dependa de vosotros, estad en paz con todos los hombres» (Romanos 12.18). Perdona a los que te hayan herido y no tomes venganza. Procura vencer al mal que te hicieron pagando con el bien (Romanos 12.19-21).

(Sin embargo, debes reconocer que aun luego de haberlo hecho todo, otros todavía podrían no querer disculparse o ser tus amigos. De nuevo, no trates de controlar a otros. Déjaselos a Dios. El fruto del Espíritu es «autocontrol», no el control entre padres o entre hermanos o entre amigos. ¡Ni siquiera es el control entre novios!)

Luego de seguir este plan cuádruple de manera fiel, ¿cuál será el resultado? ¿Acaso todo y todos a tu alrededor serán como deseas? No necesariamente. Pero todo *dentro* de ti será como lo necesitas.

Experimentarás la paz de Dios. Esa paz te protegerá de la demencia. Apaciguará tu alma para que puedas discernir de nuevo la dirección de Dios y andar en sabiduría pacífica y en justicia. Y no sólo eso, sino que el mismo Dios de paz estará contigo. Y cuando todo se haya dicho y hecho, constituirá lo que en realidad necesitas, ¿verdad? ¿Podrías unirte a nosotros en oración?

*Querido Padre celestial, te confieso que muchas veces he tratado de controlar mi vida, y eso me ha robado tu paz. Hoy elijo hacerte mi Maestro y confiar en que proveerás todo lo que necesito para el presente y el futuro. Echo cualquier ansiedad sobre ti, porque tú realmente te ocupas de mí. Elijo poner mi corazón ante ti. Quiero estar tranquilo y saber que tú eres Dios.*

*Hoy decido darle más importancia a buscarte, aun por encima de servirte, y te pido dirección diaria. Entrego cualquier esfuerzo por controlar a otras personas o circunstancias, y decido dejar que tu Espíritu desarrolle mi autocontrol. Reconozco gozosamente que estás en control y no yo, y te agradezco por ser confiable. Lléname ahora con tu Espíritu para poder experimentar la paz que viene de descansar en ti. Amén.*

Capítulo 10

# Sentido fuera de lo común

Un cristiano sincero escuchaba su radio un día cuando llegó una urgente advertencia por las ondas radiales. ¡El pacífico valle en el que vivía estaba bajo amenaza de inundaciones repentinas! El hombre se arrodilló inmediatamente y le pidió a Dios que lo rescatara.

Esas palabras todavía estaban en sus labios cuando se volteó para ver las aguas burbujeando debajo de su puerta. Subió rápidamente por las escaleras al segundo piso de su casa y se subió al techo.

Poco después, un helicóptero pasó y el piloto le preguntó mediante el altoparlante si podía llevárselo.

«No es necesario, ya que tengo la protección del Señor», replicó el hombre.

Poco después la casa comenzó a derrumbarse, y el hombre se encontró llevado por la corriente. Afortunadamente, pudo aferrarse a un árbol para su seguridad. Un bote policíaco, atreviéndose a cruzar las aguas, se le acercó para rescatarlo. Sin embargo, el cristiano les aseguró que el Señor lo salvaría.

Finalmente, el árbol se cayó, y el hombre no pudo luchar contra el torrente. Se ahogó.

Parado ante el Señor preguntó: «Señor, estoy contento de estar aquí, pero ¿por qué no respondiste a mi oración por seguridad?»

El Señor respondió: «Hijo, respondí a tu oración. Primero, te dije mediante el radio que te largaras de allí. Luego te envié un helicóptero y un bote de rescate policial, pero aun así ¡no quisiste irte!»

Historia tonta, ¿verdad? Quizás, pero tiene su punto: Cuando oras, espera que Dios responda, pero no supongas que Dios sólo obra por medios extraordinarios. Con mucha frecuencia opera lo sobrenatural a través de medios muy comunes.

Algunas veces podemos obviar la dirección de Dios porque buscamos algún hecho espectacular. Él ciertamente puede obrar de esa manera, porque «Nuestro Dios está en el cielo; Él hace lo que le plazca» (Salmo 115.3). Sin embargo, nos preparamos para la frustración cuando pensamos que Dios *tiene* que obrar siempre de esa manera.

Algunos cristianos *siempre* buscan una señal o maravilla como la única confirmación de que Dios está obrando o dirigiendo. Pero es necesario poner cuidado en cuanto a no colocar a Dios en una caja... aun si es milagrosa. Jesús reprendió severamente a los que siempre buscaban una señal milagrosa de parte suya. Lee con atención:

> *Algunos de los fariseos y maestros de la ley dijeron entonces a Jesús: Maestro, queremos verte hacer alguna señal milagrosa. Jesús les contestó: Esta gente malvada e infiel pide una señal milagrosa; pero no va a dársele más señal que la del profeta Jonás (Mateo 12.38-39,* Dios habla hoy*).*

Jesús estaba en lo correcto. No debemos atrevernos a poner

a Dios en una posición en donde esté forzado a probarnos su amor o poder. Es pecado tratar de acorralar a Dios en esa clase de esquina. Cuando Dios desea hacer lo milagroso, lo hará por su libre albedrío. Realmente, nos debe brindar un sentido de seguridad saber que Dios nos guía con frecuencia a través de personas comunes y corrientes y de los hechos de la vida. Después de todo, mucho de la vida es, bueno, bastante ordinario, ¿verdad?

## Las claves: Dependencia y fe

En su Palabra, Dios nos ha revelado mucho acerca de sí y de sus caminos. Empero muchas de las decisiones que debemos tomar en la vida no se deletrean en la Biblia. ¿Cómo podemos discernir la voluntad de Dios en esos casos? Lo más importante es que desarrollemos un corazón dependiente de Dios. ¡Simplemente porque Dios pueda utilizar medios comunes para dirigir nuestros pasos no significa que debamos depender menos de Él para guiarnos! Proverbios 3.5-7 nos muestra claramente qué clase de relación desea tener Dios con nosotros:

*Fíate de Jehová de todo tu corazón,*
*Y no te apoyes en tu propia prudencia.*
*Reconócelo en todos tus caminos,*
*Y él enderezará tus veredas.*
*No seas sabio en tu propia opinión,*
*Teme a Jehová, y apártate del mal.*

Es fácil asumir que sabemos qué es lo mejor para nosotros, porque sabemos qué es lo que nos gusta y lo que queremos. Pero la verdadera sabiduría es ver la vida desde el punto de vista de Dios, no desde el nuestro. Cuando somos sabios ante nuestros propios ojos, seguramente hemos de cegarnos al sendero de Dios para nuestras vidas.

¿Cómo demuestras tu confianza en Dios en lugar de en ti

mismo? Tu vida de oración mostrará el nivel de tu confianza. El que dice que descansa en Dios mantendrá las líneas de comunicación abiertas entre él y su Padre celestial. Y buscará la respuesta de Dios, porque sabe que Él se deleita en responder a las oraciones de sus hijos.

A medida que me (Rich) acercaba a mi graduación universitaria, tuve que tomar una decisión importante. Aunque disfruté de pronosticar el tiempo (mi especialidad universitaria), simplemente no podía visualizarme haciendo eso por el resto de mi vida. Lo que en realidad quería hacer era algo que impactara las vidas de las personas por toda la eternidad. No tenía duda alguna de que Dios había cambiado mis deseos y quería que ingresara a tiempo completo en el servicio cristiano.

En ese momento, mi exposición a los ministerios cristianos era muy limitada. Estaba familiarizado con el ministerio de la Cruzada Estudiantil para Cristo de la universidad, y conocía acerca de los seminarios. Así que, pensé que Dios deseaba que fuera al personal a tiempo completo de la Cruzada o que asistiera a un seminario. Para encontrar qué era lo que quería, asistí a una conferencia de fin de semana acerca del conocimiento de la voluntad de Dios. Oré para que Dios me mostrara su voluntad durante esos dos días. Había tratado una y otra vez de decidir por mi cuenta, pero simplemente no podía decidir qué era la mejor para mí. Ambos parecían igual de buenos.

Ray fue uno de los primeros que conocí en la conferencia. Era un señor adulto que me impresionó con su amable y sabio espíritu. Le conté acerca de mi dilema y le pregunté qué pensaba. Resulta interesante que ¡Ray estaba en ese entonces en el personal de la Cruzada Estudiantil y también se había graduado del seminario!

¡No podía creerlo! Dios me había dirigido a alguien que tenía experiencia exactamente en los campos que me interesaban. Al hacerme unas preguntas, Ray se percató de que no tenía mucha experiencia en el ministerio.

Me sugirió que sirviera en la Cruzada Estudiantil por unos

años para adquirir más entrenamiento en el ministerio práctico. Luego podría asistir al seminario de así desearlo. Sintió que la experiencia con la Cruzada Estudiantil sería la mejor preparación para entender y usar el conocimiento que adquiriría en el seminario, si es que habría de asistir a alguno.

Ahora, ese ciertamente no va a ser el plan de Dios para todos, pero para mí, fue el consejo más sabio. ¡Me quedé en el personal de la Cruzada Estudiantil por diecisiete años!

Las claves para tener la sabiduría de Dios en un asunto son la *dependencia* y la *fe*. La dependencia dice: «Elijo depender de Dios para que muestre sus caminos en lugar de descansar en mi propia habilidad para resolver las cosas». La fe dice: «Espero que Dios responda mi oración por dirección, y seguiré buscándole para ver cómo habrá de dirigirme».

En el resto del capítulo, veremos siete maneras en las cuales los cristianos comúnmente buscan la dirección de Dios. Entonces concluiremos enumerando diez factores que te ayudarán a tomar una decisión sabia. Si has leído hasta aquí, es muy probable que estés buscando de manera sincera a Dios y a sus caminos. Él no te desilusionará.

## Siete vías para la dirección divina

*La conciencia*. ¿Debes permitir que tu conciencia sea tu guía? Eso puede ser un tanto oscuro. Ella es esa parte de tu mente que trata de decirte qué es lo correcto y qué lo incorrecto. Pero antes de aceptar a Cristo, tu mente estaba en la carne y programada (al menos parcialmente) por el mundo. De modo que tu conciencia no siempre es confiable.

Muchas personas luchan con una conciencia culpable. Pueden sentirse así al decirle que «no» a alguien, aunque sea correcto. Esta culpabilidad falsa puede llevar a alguien que complace a la gente a que haga lo que ellos deseen en lugar de lo que Dios quiere. Pablo dijo: «Si estuviera tratando de complacer a los hombres, no sería esclavo de Cristo» (Gálatas 1.10).

También es posible distorsionar la voz de nuestra conciencia mediante la repetición de actos de inmoralidad. La Biblia llama a eso una «conciencia endurecida» (1 Timoteo 4.2). Se nos instruye en la Palabra de Dios, a mantener una «conciencia clara» y procurar mantener una «buena conciencia» (1 Pedro 3.16, 21).

¿Cómo hacemos esto? Renovando nuestras mentes con la Palabra de Dios para que nuestra conciencia adopte los patrones divinos de lo bueno y lo malo. Entonces, reconoce que el Espíritu Santo obrará mediante tu conciencia. Sé muy precavido en cuanto a ir en contra de tu conciencia una vez que te hayas consagrado a Cristo.

Sin embargo, hemos de restringir nuestra libertad (aun si nuestra conciencia dice que algo está bien), si hace que un hermano débil tropiece en su fe. Jamás tenemos el derecho de violar la conciencia ajena. «Por lo tanto esforcémonos en hacer lo que lleve a la paz y a la edificación mutua» (Romanos 14.19).

*Los vellones.* En Jueces 6, Gedeón fue llamado por Dios para librar a Israel de los madianitas. Pero Gedeón tenía verdaderos problemas creyendo que Dios podría usarlo, así que le pidió a Dios una señal. Dios le dio una, pero Gedeón todavía no estaba seguro, así que trató un experimento.

Puso el vellón de una oveja en el suelo. De acuerdo con la oración de Gedeón, si el vellón se mojaba al siguiente día con el rocío mañanero y el suelo estaba seco, Dios realmente libraría a Israel. Cuando Gedeón miró el vellón al otro día, ¡eso fue lo que encontró! Pero ¿le bastó eso? De ninguna manera.

Deseando estar seguro, y esperando que Dios no se enojara mucho, Gedeón le pidió que lo hiciera de nuevo. Pero en esta ocasión, quería que el suelo se mojara y que el vellón permaneciera seco. *¡Voilà!* ¡Dios quedó bien de nuevo!

Aunque Dios accedió con misericordia a sus peticiones, Gedeón no demostraba fe al poner los vellones. Dios ya le había dicho claramente, antes de sus experimentos «ovejunos», que libraría a Israel mediante Gedeón (Jueces 6.14-16).

Ten precaución de poner «vellones» para confirmar la voluntad de Dios cuando ya ha hablado claramente en su Palabra. La carne o el diablo podrían engañarte con facilidad. ¿Cuáles con algunos ejemplos de vellones?

- «Bueno, si mi pastor de jóvenes está en la tienda local cuando vaya, no compraré la revista pornográfica».
- «Haré mi tarea si mis programas favoritos de televisión son cancelados está noche».
- «Señor, tomaré las cosas en serio contigo, si mi novia/o acepta a Cristo».

No necesitamos confirmación adicional una vez que Dios haya hablado mediante su Palabra. Es un asunto arriesgado jugar a los vellones con Dios. Recuerda: «No seáis engañados: Dios no puede ser burlado. El hombre cosecha lo que siembra» (Gálatas 6.7).

*Las circunstancias.* Algunos de nosotros suponemos que Dios revela su voluntad mediante las circunstancias. Si se ven bien, es la voluntad de Dios; de no ser así, no lo es. Juntamente con la Biblia, es probable que más cristianos tomen decisiones a través de este medio que ningún otro. Empero las circunstancias pueden ser muy desconfiables.

Muchas veces dejamos algo sólo porque las cosas son difíciles al inicio. Recuerda que tenemos un enemigo que tratará de limitar la obra de Dios en cada paso del camino. Necesitamos aprender a perseverar en oración y a contentarnos en cualquier circunstancia en la que nos encontremos (Filipenses 4.11).

Sin embargo, las circunstancias pueden ser útiles en la determinación del *tiempo* de la voluntad de Dios. Cuando le pedimos algo a Dios, podría responder: «Sí, ahora mismo», o «No, eso no es bueno para ti», o «Sí, pero no ahora mismo». Muchas veces Dios desea que esperemos por un tiempo porque nosotros, u otra persona, todavía no está preparada para lo que Él desea dar. Aprender a esperar el tiempo de Dios quizás sea una de las cosas más difíciles de hacer en la vida, ¡pero los resultados pueden ser bastante dulces!

Cuando al inicio procuré publicar mi (Rich) libro *To My Dear Slimeball* [A mi querido indecente], le escribí a treinta y una casas publicadoras cristianas. La mayoría jamás contestó. Unas pocas pidieron un par de capítulos del libro. Una hasta me invitó a la oficina para una entrevista. Pero al final, nadie aceptó el libro.

Finalmente, meses después, un publicador lo aceptó. (¡Resultó ser uno de los que inicialmente lo había rechazado!) Tuve que esperar casi tres años desde el momento cuando comencé a escribir el libro hasta que salió. ¿Fue difícil? ¡Eso no le hace justicia! ¡A veces fue agonizante! Pero Dios me estaba enseñando (¡y todavía lo está haciendo) a esperar su momento perfecto. Y cuando su tiempo se cumple... ¡cuán dulce es! Cuando finalmente vi el producto terminado, sentí una profunda satisfacción, mucho más que si el libro hubiera salido anteriormente. ¿Por qué? Porque continué consagrado al libro, escribiendo una y otra vez, hasta que estuvo como Dios lo quería.

*Los padres y el consejo consagrado.* Proverbios 13.10 dice: «Ciertamente la soberbia concebirá contienda; mas con los avisados está la sabiduría». ¿Te parece familiar? ¿Cuántas veces has tenido una discusión con tus padres en cuanto a alguna parte de tu vida (por ejemplo: tus amistades, tu música, tus tareas hogareñas) porque no querías escuchar lo que ellos tenían que decir?

Dios ha provisto a tus padres como un medio primario para mostrarte su voluntad. A menos que te pidan que hagas algo contrario a la clara enseñanza de la Biblia, serías inteligente si sigues lo que te dicen. Mira lo que Pablo les dijo a los niños y a los adolescentes en Éfeso:

*Hijos, obedeced en el Señor a vuestros padres, porque esto es justo. Honra a tu padre y a tu madre, que es el primer manda-*

*miento con promesa; para que te vaya bien, y seas de larga vida sobre la tierra. (Efesios 6.1-3)*

Sabemos que tus padres no son perfectos, y algunas veces no parecen estar dispuestos a escuchar tu versión de la historia. En casos como ese es posible que tengas que morderte la lengua y ser «pronto para oír, tardo para hablar, tardo para airarse». Tus berrinches no ocasionarán la voluntad de Dios (Santiago 1.19-20).

En las cosas relacionadas a tu vida cristiana, también puedes buscar consejo consagrado de parte de tu pastor, el pastor de jóvenes, y otros creyentes más adultos y maduros. Esto es de especial importancia si tus padres no son cristianos. Pero no busques personas que sabes que simplemente estarán de acuerdo contigo. Eso ni es señal de sabiduría ni de madurez.

Evalúa cualquier consejo que recibas de manera cuidadosa. Las personas podrían darte consejo basado en motivaciones egoístas. Es mejor obtenerlo de parte de individuos que conocen la Palabra de Dios, que son sensibles al espíritu de Dios, y que no van a ser influenciados por prejuicios personales.

*Dones y habilidades.* Luego de enseñar una clase acerca de los dones espirituales, un joven se me acercó (Neil) y me preguntó:

—¿Es mi don la profecía o la exhortación?

Como lo conocía muy bien, fui cuidadoso al responder.

—Creo que ninguno de los dos —comencé—. Pero si alguna vez conocí a alguien que tiene el don de ayudar, eres tú. Eres sensible a las necesidades de otras personas y siempre estás dispuesto a ayudar.

La decepción cubrió su rostro.

—¡Lo sabía! —respondió. Al luchar con su baja estima, buscaba lo que equivocadamente percibía como un don mayor.

Nuestro sentido de dignidad no debe basarse en el don que tenemos. Nuestra autoaceptación procede de lo que somos en Cristo (nuestra identidad) y lo que lleguemos a ser en Cristo (nuestro carácter). Cualquier adolescente que entiende quién es él o ella como criatura de Dios y cuya vida muestra el fruto del Espíritu tendrá una autoimagen saludable.

Dios nos conoce perfectamente. Nos creó. Y a cada uno de nosotros nos dio ciertas habilidades. Su voluntad siempre incluye la expresión de esas habilidades. ¡Puedes estar seguro de que te dirigirá de tal manera que se utilicen mejor los dones y los talentos que te ha dado!

Es responsabilidad nuestra aprovecharnos por completo de las oportunidades que llegan para desarrollar y usar esos dones dados por Dios para gloria suya. Trágicamente, muchas personas se van a la tumba con su música todavía dentro de ellos, sin jamás contribuir a la sinfonía de la obra de Dios.

No temas arriesgarte. Dios seguramente desea que uses las habilidades que te ha dado. Pídele que te guíe, y no te sorprendas si te dirige a hacer algo que sobrepase tu zona de comodidad. ¡No cometas el error de aferrarte a la seguridad del tronco del árbol si el fruto está al final de la rama!

*Deber.* ¿Sabes cuánto de tu vida cristiana es sencillamente un asunto de deber y responsabilidad? Mucho. No necesitas que Dios te diga que lleves una vida responsable.

Por ejemplo, no necesitas orar para averiguar si Dios desea que termines la secundaria o que limpies tu cuarto o hagas tus tareas escolares o que ayudes con los quehaceres del hogar. Ya sabes que esas son cosas que debes hacer.

Son muchos los días cuando no me (Rich) siento con deseos de levantarme o de cambiar pañales o lavar los platos o encargarme de la papelería. En momentos así ciertamente no siento ninguna «inclinación» especial a hacerlo. Si dependiera de mis sentimientos, estaría metido en problemas... ¡especialmente por mi esposa!

Algunas veces se nos pueden ocurrir toda clase de excusas por no hacer lo que, muy adentro, es lo que tenemos que hacer. Somos sabios al escuchar el recio recordatorio de Santiago: «Y al que sabe hacer lo bueno, y no lo hace, le es pecado» (Santiago 4.17).

*Los deseos*. El rey David escribió: «Deléitate asimismo en Jehová, y Él te concederá las peticiones de tu corazón» (Salmo 37.4). Puedo verlo ahora, ¡cada adolescente que lee este libro está comenzando a babearse por el nuevo Mustang, Corvette o Porshe que Dios le va a dar! Lo siento por ti.

La clave para esa Escritura es si nos deleitamos *en el Señor*. Si así lo haces, tus deseos comenzarán a cambiar. Empezarás a desear las cosas que Él quiere. Tu corazón se llenará de las cosas que están en su corazón.

Desafortunadamente, ¡muchos de nosotros nos deleitamos más *en los deseos de nuestro corazón* que en los del Señor! Ese es el camino seguro hacia la frustración. Como cristianos siempre tenemos una batalla dentro de nosotros. Es la lucha entre los deseos de la carne y los del Espíritu, entre nuestros deseos egoístas y la voluntad santa de Dios.

Jesús dijo: «Dichosos los que tienen hambre y sed de hacer lo que Dios exige, pues Él hará que se cumplan sus deseos» (Mateo 5.6, *Dios habla hoy*). ¿Crees que es eso cierto? De ser así, demostrarás esa creencia viviendo de acuerdo con el Espíritu.

Sin embargo, garantizamos que si tratas de satisfacer los deseos de la carne, jamás tendrás éxito. Mientras más alimentes la carne, más hambre tendrá. La única manera de mantener en línea las codicias egoístas de la carne es andar mediante el poder del Espíritu Santo.

Entonces, al determinar la voluntad de Dios para tu vida, la pregunta crucial es: ¿Procuras vivir según la carne o el Espíritu?

## La lista del Espíritu

Hemos provisto una lista al final de este capítulo para ayudarte a enfrentar una decisión. Aquí discutiremos brevemente cada una de las diez preguntas.

Primera: *¿Has orado en cuanto a ello?* La oración muestra que necesitas y quieres la voluntad de Dios. Jamás pretendió ser una medida de emergencia en la cual finalmente le pedimos a Dios que nos saque en «libertad bajo palabra». La oración está supuesta a ser la «jugada maestra».

¡Dios no desea que hagamos todos nuestros planes y decisiones y *entonces* le pidamos que los bendiga! ¡Quiere que lo busquemos primero y que averigüemos cuáles son sus planes!

Dios pudo haber decidido simplemente darnos todo lo que necesitamos, pero nos ha enseñado a orar: «Danos hoy el pan de cada día». Dependemos de Dios, y la oración es la evidencia de que estamos conscientes de nuestra necesidad de Él. Es fácil tratar nuestras ideas primero y si nada más da resultados, entonces orar. Pero se nos dice que busquemos primero el reino de Dios (Mateo 6.33).

Segunda: *¿Es eso consecuente con la Palabra de Dios?* Cuando tengas dudas, ¡verifícalo! Pídele a Dios que te dirija en su Palabra. Si no tienes idea alguna en cuanto a dónde buscar, habla con tus padres (si son creyentes), el líder juvenil, el pastor o las amistades cristianas maduras. O ve a una librería cristiana local de ser necesario y pídele al dependiente que te sugiera un libro acerca del tema.

Además, aprende cómo utilizar una concordancia (observa tu Biblia, es posible que tenga una concordancia breve al final). La concordancia enumera los versículos bíblicos que incluyen una palabra en particular, como *paciencia* o *justicia*. Ya que está organizada en orden alfabético, puedes encontrar rápidamente cualquier tema que busques.

Tercera: *¿Puedo hacerlo y ser un testigo cristiano positivo?* Esta sencilla pregunta luego te ahorrará muchos dolores de cabeza y desalientos. También podrías preguntar: *¿Jesús haría esto?* Probar las bromas que cuentas, la música que escuchas, las películas que vas a ver, los programas televisivos que ves, los libros que lees, y los trabajos que aceptas mediante el «filtro Jesús» ¡responderá a muchas de tus preguntas acerca de la voluntad de Dios!

Cuarta: *¿Será glorificado el Señor?* Al hacer esto, ¿honraré a Dios con mi cuerpo? ¿Hago esto para que las personas me vean, me acepten, o piensen que soy listo? ¿Busco agradar al

Señor con esto o espero llegar a ser popular con una persona o un grupo en particular?

Hay una gran diferencia entre ser *dirigido* por el Espíritu y ser *impulsado* por el deseo de agradar a las personas. El primero está acompañado por un sentido de paz y calma, el segundo está lleno de temor y ansiedad.

Quinta: *¿Actúo de manera responsable?* ¿Estás siendo fiel a las cosas que ya sabes que Dios desea que hagas o estás fugándote porque se está haciendo difícil? Dios no tiene que rescatarnos cuando actuamos de manera irresponsable. Nos dejará sufrir las consecuencias para enseñarnos a ser fieles y confiables.

Proverbios 22.1 dice que: «De más estima es el buen nombre que las muchas riquezas, y la buena fama más que la plata y el oro». Ten precaución con las artimañas para obtener «dinero fácil» o «riquezas instantáneas» que requieran que comprometas tu integridad. Una reputación malograda es difícil de reparar.

Sexta: *¿Es eso razonable?* Dios espera que pensemos. Aunque no debemos descansar por completo en nuestros pensamientos (Proverbios 3.5-6), se nos advierte en la Biblia a no poner nuestros cerebros en neutro. Es muy probable que la dirección de Dios vaya más allá de lo que se le pueda ocurrir al mero razonamiento humano, pero su plan no sobrepasará tu mente. Primera de Corintios 14.20 dice: «Hermanos, no piensen ustedes como niños. Sean como niños para lo malo; pero sean adultos en su modo de pensar» (*Dios habla hoy*).

La dirección falsa de los maestros de la Nueva Era y los espíritus engañadores requieren con frecuencia que la mente se «apague». Sin embargo, la Escritura nos instruye a pensar en cosas que son verdaderas, honorables, correctas, puras, de buena reputación, excelentes, y dignas de alabanza (Filipenses 4.8).

Séptima: *¿Existe una oportunidad realista?* Las puertas cerradas no están supuestas a ser derrumbadas, pero si la puerta está abierta y el resto de los factores concuerdan, tírate. Recuerda, una puerta cerrada no necesariamente indica que lo estará para siempre; Dios podría desear que esperes por su perfecto sentido del tiempo.

Octava: *¿Están tus padres y tus buenos amigos de acuerdo?* No temas permitirles a tus padres y a otros que te hagan preguntas difíciles. Busca su consejo; no esperes que ellos lleguen a ti. Si no tienes respuestas a sus objeciones, no te molestes. Dios podría usarlos para mostrarte algunos puntos oscuros en tu manera de pensar. Acude a Dios y a su Palabra y piensa acerca de lo que te dicen.

Si tus padres se niegan, reconoce que Dios te está hablando mediante ellos. Después de todo, si no es la voluntad de Dios, ¿acaso no quieres saberlo antes de cometer el error de hacerlo? Y recuerda, un «no» hoy no implica necesariamente un «no» para siempre. No cometas el error de rebelarte contra tus padres. Si estás seguro de que estás en lo correcto, ora para que tus padres cambien de parecer. Dios seguramente los está usando para mostrarte el momento correcto para su voluntad.

Novena: *¿Acaso me ha dado Dios un deseo fuerte de hacer esto?* Dios inunda con frecuencia nuestros corazones con gozo cuando coloca un plan o una visión en nuestros corazones. El gozo del Señor debe ser nuestra fortaleza (Nehemías 8.10). Pero no cometas el error de pensar que simplemente porque te sientes emocionado en cuanto a algo, ¡debe ser la voluntad de Dios! Puede ser emocionante pensar en cuanto a tratar de gustar de una codicia de la carne. Asegúrate de que tu gozo viene de un deseo, lleno del Espíritu, de ver crecer el reino de Dios y que se ayude a la gente.

Décima: ¿Tengo paz en cuanto a ello? Esta es una paz interna. La paz de Dios, ¿está guardando tu corazón y tu mente, o te sientes incómodo o nervioso cuando piensas acerca de este curso de acción? Las campanas de alarma deben sonar en tu cabeza si en lo profundo hay un sentimiento molesto de que lo que estás a punto de hacer está mal, sin importar cuán duro trates de racionalizarlo en tu mente.

Sin embargo, la verdadera paz de Dios puede reinar en tu corazón aun sin las circunstancias te son contrarias. Sólo el

Espíritu de Dios puede producir la clase de paz que sobrepasa nuestro entendimiento.

¿Has podido responder afirmativamente a todas estas preguntas? De ser así, ¿qué estás esperando? ¡Adelante!

## ¿Son claros tus «colores»?

Un pastor africano fue acorralado por rebeldes que demandaron que renunciara a su fe en Jesucristo. Juraron que lo matarían si no lo hacía. Él no lo hizo. Luego, cuando las autoridades descubrieron su cuerpo, encontraron las siguientes palabras escritas en la pared de su casa:

> Formo parte de la «Fraternidad de los No Avergonzados». Cuento con el poder del Espíritu Santo. Ya me embarqué; ya crucé la línea; soy discípulo suyo. No miraré hacia atrás, ni aflojaré, ni me retrasaré, ni me retiraré, ni me quedaré quieto. Mi pasado ha sido redimido, mi presente tiene sentido y mi futuro es seguro. ¡Se acabaron la vida baja, el andar por lo que veo, la planificación a pequeña escala, las rodillas lisas, los ensueños incoloros, las visiones aburridas, el lenguaje tonto, la entrega a medias y las metas pequeñitas!

Ya no necesito la preeminencia, la prosperidad, la posición, las promociones, los aplausos ni la popularidad. No tengo que estar en lo correcto, ser el primero, estar en la cumbre, ser ni reconocido, ni alabado, ni estimado, ni premiado. Ahora vivo por la presencia, me apoyo en la fe, amo con paciencia, intercedo por otros en oración y laboro por medio del poder.

Mi rostro está fijo, mi paso veloz, mi meta es el cielo, mi camino estrecho, me senda es difícil, mis compañeros pocos, mi guía es confiable, mi misión clara. No me pueden comprar, comprometer, desviar, seducir, devolver, diluir, ni atrasar. No me acobardaré ante el sacrificio, ni titubearé en presencia de la adversidad, ni negociaré en la mesa del enemigo, ni consideraré la popularidad, ni merodearé por el laberinto de la mediocridad.

No me daré por vencido, ni me callaré, ni aflojaré, ni me quemaré, hasta que haya predicado, orado, pagado, guardado y me haya desvelado por la causa de Cristo.

Soy un discípulo de Jesús y debo trabajar hasta que Él venga, darme hasta que caiga, predicar hasta que todos sepan y trabajar hasta que Él me pare.

Y cuando venga a recoger a los suyos, no tendrá problema para reconocerme porque mi bandera, mi lealtad y mi llamado serán claros y fácilmente de distinguir.[1]

Los adolescentes que buscan el aplauso del mundo están en todas partes, esperando ser lo suficientemente hermosos, inteligentes, ricos, listos, exitosos o fuertes para que les salgan bien las cosas.

Los adolescentes que buscan el aplauso de Aquel que vigila desde «el balcón celestial» son pocos y escasos. Para Dios son los diamantes más preciosos, aún ásperos y quizás sin corte alguno, pero raros y listos para estallar en gloria mientras el Maestro Orfebre saca las imperfecciones.

¿Qué de ti? ¿Son *tus* colores claros? Si quisieras decirle a Dios que sólo deseas encontrar y seguir su voluntad, y que deseas vivir para su aplauso y no el del mundo, ¿entonces podrías unirte a nosotros mientras oramos?

***Querido Señor, te agradezco que no tengo que vagar por la vida en confusión, sin jamás estar realmente seguro de que guías mis pasos. Te agradezco por mostrarme cómo andar en tus caminos.***

***Padre, protégeme para no buscar señales cuando ya has hablado de manera tan clara en tu Palabra. Enséñame a escuchar a mis padres y al consejo sabio de personas consagradas. Hoy elijo buscar la sabiduría que sólo vie-***

1 Anderson, Neil, *op. cit.*

*ne de arriba, y anticipo ver cómo has de dirigir mis pasos mientras camino por fe y dependiendo de ti.*
*Me comprometo a buscar tu voluntad, conocerla, y seguirla para que seas glorificado. Gracias, Señor, por andar siempre conmigo, porque sé que en algunas ocasiones tu camino no será fácil. Gracias porque tu gozo será mi fortaleza y tu paz guardará mi corazón y mi mente en todo el camino. Amén.*

## Lista de sabiduría

1. ¿He orado en cuanto a ello? ❑Sí ❑No

2. ¿Es eso consecuente con la Palabra de Dios? ❑Sí ❑No

3. ¿Puedo ser un testigo cristiano positivo? ❑Sí ❑No

4. ¿Será glorificado el Señor? ❑Sí ❑No

5. ¿Actúo de manera responsable? ❑Sí ❑No

6. ¿Es eso razonable? ❑Sí ❑No
   ¿Qué tiene sentido?
   ¿Qué carece de sentido?

7. ¿Existe una oportunidad realista? ❑Sí ❑No
   Factores a su favor:
   Factores contrarios:

8. ¿Están mis padres y mis amistades consagradas de acuerdo? ❑Sí ❑No
   Los que están a favor:
   Los que están en contra:

9. ¿Acaso me ha dado Dios un deseo fuerte para hacer esto? ❑Sí ❑No
   ¿Por qué?
   ¿Por qué no?

10. ¿Tengo paz en cuanto a ello? ❑Sí ❑No
    ¿Por qué?
    ¿Por qué no?

Parte 3

# Caminemos con Dios

Capítulo 11

# ¡Créelo o no!

Una mañana, luego de una clase de Escuela Dominical, una madre le preguntó a su hija acerca de lo que aprendió. La joven respondió: «Aprendí cómo Moisés construyó ese tremendo puente portátil a través del Mar Rojo, y cómo todos los israelitas lo cruzaron con tanques y transportes armados de infantería. Tan pronto como cruzaron de manera segura, se hizo estallar al puente justamente cuando todos los egipcios venían a atraparlos. Así que el ejército egipcio se cayó en el Mar Rojo y se ahogó».

La madre se sorprendió y preguntó si eso era lo que la maestra realmente le había dicho a la clase.

«No», replicó su hija, «¡pero jamás creerías lo que ella realmente dijo!»

Esa niña es como mucha gente. Piensan que la fe es más o menos creer lo que no podría ser cierto. O piensan que la fe es soñar despierto, sin base sólida alguna para su creencia.

Pero la fe cristiana no es así. La verdadera fe es poner tu confianza en lo que *conoces* como verdadero, aunque no lo veas con tus ojos. Es descansar en el carácter de Dios y lo que ha prometido. La clave para conocer la voluntad de Dios es conocer sus caminos. El escritor de Hebreos nos lo definió cuando escribió: «Es, pues, la fe la certeza de lo que se espera, la convicción de lo que no se ve» (Hebreos 11.1).

¿Observaste esas palabras clave, tener *certeza* y *convicción*? Ellas describen una condición de confianza y seguridad, pero no en lo que puedes ver con tus ojos. La fe en Dios es ver con ojos espirituales, ¡ojos que han aprendido a ver que se puede confiar en Dios y en su Palabra!

Fe es la manera como comenzamos en nuestras vidas cristianas. Mira lo que continua diciendo Hebreos: «Pero sin fe es imposible agradar a Dios; porque es necesario que el que se acerca a Dios crea que le hay, y que es galardonador de los que le buscan» (Hebreos 11.6).

Como Dios no tiene la costumbre de mostrarse visiblemente y ofrecernos una invitación personal para confiar en Él, tenemos que acercarnos por fe. Oh, Él está aquí; sólo que no podemos verlo. Pero esto no debería ser muy difícil para nosotros ya que estamos acostumbrados a confiar en cosas que no podemos ver, como el aire (¡a menos que vivas en el sur de California!), las microondas, las señales de televisión, las ondas de sonidos y la radiación ultravioleta (para esos dioses y diosas solares), sólo por nombrar unas cuantas.

Pero nuestras vidas cristianas no comienzan simplemente con la fe y se detienen. En la Biblia se nos dice que andemos por fe, y no por vista (2 Corintios 5.7). Todas nuestras vidas deben ser un continuo y creciente caminar de la fe en Dios.

Nos acercamos a Dios en oración con libertad y confianza *por fe* (Efesios 3.12). Soportamos los fieros ataques del diablo al sostener el *escudo de la fe* (Efesios 6.16). Servimos a Cristo *por fe* (1 Tesalonicenses 1.3). Y así por el estilo. Como Pablo, el escritor de Romanos, dice: «El justo vivirá por la fe» (Romanos 1.17).

## ¿Quién vive por la fe?

Empero, lo gracioso es que *todo el mundo* vive por fe, ¡sean cristianos o no! Por ejemplo, todos manejamos nuestros autos por fe. ¿No me crees? Bueno, imagínate detrás del volante por un minuto. Andas manejando por una parte congestionada de la ciudad. Ves una luz verde al frente. ¿Qué haces? No aminoras o te detienes, sino que continúas, ¿verdad?

Podrías preguntar: «¿Cómo demuestra eso la fe?» Simplemente así: Si estás en una encrucijada, crees que los conductores que vienen en la otra dirección verán su luz roja y se detendrán. Realmente, jamás *ves* la luz roja, ¿verdad? Estás operando en base a la fe, en este caso, la fe en la operación correcta de los semáforos, ¡y fe en los hábitos de seguridad al manejar de otros conductores! ¡En algunas ciudades eso requiere *mucha* fe!

Si te detuvieras a pensar en eso, hay un millón y una maneras diarias en las cuales tanto cristianos como incrédulos viven por la fe. Edificamos relaciones en base a la fe y la confianza, y hacemos lo mismo en las relaciones amorosas. Tomamos pruebas en la escuela por fe. Encendemos la televisión por fe. Hasta comemos en la cafetería escolar por fe... ¡mucha fe!

Cuando era niño (Neil), puse una moneda en una máquina y salió una botella de gaseosa. Sin mirarla, tomé un trago de soda rápidamente, pero escupí de inmediato. Entonces me percaté de que el fondo de la botella estaba lleno de basura. ¡Jamás volví a beber una de esa marca!

¡Ahora tomamos gaseosas en *latas*! Eso sí que es fe. Y, ¿acaso has leído los ingredientes de lo que nos estamos tragando? Es sorprendente cuánta fe tenemos en una marca.

Y eso nos lleva a un punto importante acerca de la fe. Una vez que pierdes la confianza en alguien o algo, es difícil recobrarla, ¿verdad? Por lo tanto, el verdadero asunto no es si vas a vivir por la fe o no. Ya hemos visto que tú y yo, así como el resto de los que moran en el planeta tierra, viven por la fe. ¿Entonces, qué es lo más importante? Simplemente esto: ¿Es confiable el objeto de tu fe?

## ¿En quién vas a confiar?

La Biblia enseña que Jesucristo es el autor y perfeccionador de nuestra fe (Hebreos 12.2). ¿Por qué Jesús es el objeto definitivo de la fe? Porque es Dios. Todo lo que hace es perfecto y su Palabra es verdadera. Y cada día de nuestras vidas encontraremos que es confiable, porque nunca cambia. Considera las siguientes Escrituras:

*En cuanto a Dios, perfecto es su camino,*
*Y acrisolada la palabra de Jehová;*
*Escudo es a todos los que en Él esperan. (Salmo 18.30)*

*Acordaos de vuestros pastores, que os hablaron la palabra de Dios; considerad cuál haya sido el resultado de su conducta, e imitad su fe. Jesucristo es el mismo ayer, y hoy, y por los siglos. (Hebreos 13.7-8)*

El sol es tal vez el objeto más confiable de fe para las personas en el mundo. Parece eterno e inalterable. Sale todas las mañanas en un momento predecible y se va de la vista de manera similar cada noche. Todos damos por hecho que hará eso mañana y el próximo día y el siguiente.

Aun cuando las nubes lo bloquean de nuestra vida o un eclipse lo esconde de la vista, sabemos que todavía esta allí. Sin el sol, las personas no podrían sobrevivir. Nuestro planeta pronto llegaría a ser frío e inhabitable. Si no saliera mañana por la mañana, ¿qué le pasaría a la fe del mundo? ¡Toda la humanidad terminaría sumida en una confusión total!

Si tenemos tanta fe en el sol, ¿por qué no tenemos una fe mayor en el Hijo que hizo al sol y a la luna y a las estrellas y a las galaxias?

Para todos nosotros, desde los cristianos nuevecitos hasta el creyente maduro, nuestras vidas cristianas constituyen un proceso de cambiar de la autoconfianza a la confianza en Jesús. A medida que practiquemos la confianza en Él, aprendemos mediante la experiencia que Él es fiel. A medida que nos relajamos en su lealtad, podemos discernir con más facilidad su voluntad.

Proverbios 28.25-26 aclara en dónde necesita estar nuestra fe: «El altivo de ánimo suscita contiendas; mas el que confía en Jehová prosperará. El que confía en su propio corazón es necio; mas el que camina en sabiduría será librado».

¿Qué es lo que crees que te hará feliz, te satisfará, te dará sentido de cumplimiento, o éxito en la vida? La manera en la cual respondas a esa pregunta mostrará si tu fe está en Dios y en su Palabra o en ti mismo y el mundo.

Todos crecimos rodeados por un sistema mundial que no cree que lo que Dios dice es cierto. Y a menos que fueras criado en un perfecto hogar cristiano, aceptastes parte de la basura que ofrece el sistema mundial. Por ejemplo, si crees que no serás feliz a menos que tengas una novia o un novio, te estás preparando para un gran desengaño. Pero si crees que Dios te ama lo suficiente como para proveerte lo que necesitas (incluyendo la clase correcta de relaciones en su tiempo), entonces estarás contento y feliz.

Si crees que el éxito y la felicidad se definen por cuánto dinero te ganas o las posesiones que tienes, una vez más estás listo para un rudo despertar. Ciertamente el hombre más adinerado (y sabio) de su día, el rey Salomón, sabía de qué estaba hablando cuando dijo: «El que ama el dinero, no se saciará de dinero; y el que ama el mucho tener, no sacará fruto. También esto es vanidad» (Eclesiastés 5.10).

El éxito, nos dice Josué 1.8-9, es el resultdo de conocer la voluntad de Dios en cuanto a nuestra vida y seguirla confiada y decididamente. La verdadera satisfacción la experimentan los que viven seguros de que su vida agrada a Dios.

Como si el sistema mundial no hubiera distorsionado ya

bastante nuestra fe, el movimiento de la Nueva Era ha lanzado también alguno que otro disparate. Las enseñanzas de la Nueva Era afirman que si crees bastante firmemente en algo, se volverá verdad. Pero creer que algo es verdad no lo convierte en verdad. Creer que me merezco un automóvil de lujo y visualizar que estoy sentado en uno no va a hacer que aparezca por arte de magia. Y no creer en el infierno, por ejemplo, no va a disminuirle a este ¡ni un grado de temperatura!

Sencillamente, uno no puede crear una realidad con el pensamiento. Eso solamente lo puede hacer Dios y te tengo una noticia que quizás no te guste: ¡Jesús es Dios y tú no!

## Tú no puedes hacer que suceda

Pensar que uno puede alcanzar lo que desee creyéndolo con todo el corazón no es tener fe en las promesas de la Palabra de Dios. Es una fe basada en nuestros deseos egoístas y en nuestra energía. Se origina en nuestra mente (no en la de Dios) y depende de nuestra capacidad de creer (no de la fidelidad de Dios en proveer). Es una obra de autosugestión y no es más que un inútil ejercicio espiritual. No tiene nada que ver con la fe cristiana.

En íntima relación con esto hay enseñanzas que animan a la gente a «decir las cosas para que sucedan». Estas personas «positivas» andan por ahí diciendo que están saludables cuando no pueden dejar de estornudar. ¿Por qué? Porque creen que «uno obtiene lo que confiesa».

Los que andan con eso de «confiésalo y recíbelo» están engañados también. Están poniendo su fe *en sus propias palabras* y no en *la Palabra de Dios*. Dios no tiene obligación de hacer lo que dicen. Su única obligación es mantenerse fiel a su carácter y a las promesas que escribió en la Biblia.

Las fe verdadera se demuestra con una quieta y humilde dependencia en Él, que ha de darnos lo que según Él necesitamos en el momento perfectamente oportuno. Ninguna demanda espiritual ni berrinche nuestro empujará a Dios a actuar un segundo antes del momento que Él sabe que es mejor para nosotros. Y si uno lo medita bien, experimenta una profunda sensación de seguridad. Al fin de cuentas, ¿a quién le interesa un Dios que pueda ser presionado?

El vigor de nuestra fe depende de cuán bien lo conocemos, como el salmista explicó: «Jehová será refugio del pobre, refugio para el tiempo de angustia. En ti confiarán los que conocen tu nombre, por cuanto tú, oh Jehová, no desamparaste a los que te buscaron» (Salmo 9.9-10).

Conocer el nombre de Dios es comprenderlo de manera profunda y personal. Y mientras más llegas a conocer a Dios mediante su Palabra y las circunstancias de la vida, más probarás y verás que Jehová es bueno (Salmo 34.8). Y tu fe crecerá más profunda y fuerte.

## El dilema de Rich

Por muchos años sentí (Rich) una creciente soledad en mi corazón. Al mirar atrás, veo que Dios me estaba preparando para el matrimonio, pero me estaba divirtiendo tanto en el ministerio que casi ni me percaté de mi necesidad... excepto cuando estaba solo. Durante esos tiempos clamaba a Dios con frecuencia, preguntándome si habría de encontrar una esposa. Y el ver los treinta años de edad venir e irse sin ninguna probabilidad sólo añadía a mis temores.

La primera pregunta con la cual tuve que luchar fue esta: ¿Me amaba Dios lo suficiente como para satisfacer mis necesidades? Había llegado a conocerlo tan bien como para decir sin duda, «¡Absolutamente!» Mi fe había crecido fuerte.

El segundo asunto con el cual luchaba era un poco más difícil: ¿Me quitará Dios mi soledad proveyéndome una esposa? No tenía certeza en cuanto a eso. Tenía que confiar en que mi Padre sabía qué era lo mejor. Si era su voluntad que me casara, tendría que mover el cielo y la tierra, porque era el clásico «solterón».

Si Dios había decidido que el matrimonio no era lo mejor para mí, tendría que confiar en que eliminaría mi soledad de otra manera. Tendría que satisfacer mis necesidades mediante su maravillosa presencia y el cuerpo de Cristo. De todos modos, sabía que se podía confiar en Dios.

Bueno, ¡Él me proveyó a Shirley Grace porque sabía que *ciertamente* necesitaba mucha *gracia*! Cuando tenía 33 años de edad comenzamos a citarnos. Un año y medio después nos comprometimos, y tres meses y un día después de cumplir 35 años, nos casamos. Y seis años después, todavía lo estamos... ¡alabado sea Dios!

Pregunta: Si Dios quiere que se haga, ¿podrá hacerse? ¡Sí! Ese probado y verdadero hombre de Dios, Job, le dijo al Señor: «Yo conozco que todo lo puedes, y que no hay pensamiento que se esconda de ti» (Job 42.2). Si Dios desea que lo haga, ¿puedo hacerlo? ¡Por supuesto! «A todo puedo hacerle frente, pues Cristo es quien me sostiene» (*Dios habla hoy*).

¿Cuáles son «todas las cosas» de las que hablan esos versículos? ¿Todo lo queremos? No, todo lo que *Dios* desea. «Todo» significa las cosas que son la voluntad de Dios, lo que nos muestra en su Palabra. En eso es que debemos poner nuestra fe. Por eso es que debemos confiar en Él. Y podemos estar seguros de que Dios siempre nos dará el poder de hacer lo que Él desea que hagamos.

## ¿Pero y si...?

Así que, ¿cómo continuamos con la vida cuando la voluntad de Dios «no se presenta fácil»? ¿Es posible seguir adelante con Dios aunque su voluntad nos lleve hacia un desvío que no esperábamos ni queríamos? La vida de un joven llamado Jeffrey ayudará a responder a esa pregunta. Permíteme presentártelo.

Cuando lo conocí (Rich), estaba en su segundo año de secundaria, y estaba llorando. En esa ocasión hablaba del perdón de corazón, y algo que dije lo afectó de manera profunda.

Luego del mensaje se me acercó y me preguntó si podíamos hablar. Así que establecimos el momento para encontrarnos la siguiente mañana, Jeffrey, su pastor de jóvenes, y yo. Allí me contó su historia.

Jeffrey había nacido prematuramente, y mientras era trasladado de una instalación médica a otra, se le negó el precioso oxígeno que su frágil cuerpo necesitaba. Esa negligencia resultó en serio daño físico.

No podía caminar. Sus brazos apenas podían usarse y sus manos estaban cerradas de manera tal que parecían garras. Su cadera se lastimaba con frecuencia, y tenía que conseguir ayuda de la gente para sentarse derecho en su silla de ruedas.

Aunque había ganado una considerable cantidad de dinero en una demanda legal contra el personal médico, jamás pudo perdonarlos por lo que le hicieron. Es comprensible que Jeffrey también estuviera enojado con Dios.

Jeffrey era cristiano y como tal era fuerte, no me malinterpreten. Y la rapidez de su humor sólo era superada por la relampagueante velocidad de su inteligencia. Pero estaba dolido.

Hacía poco, su hermana se había sanado de forma sobrenatural tres meses después de sufrir una aplastante lesión en su pie. Aunque se sentía feliz por su hermana, su sanidad sólo intensificó las preguntas en su cabeza. «¿Por qué ella, Señor? ¿Por qué no yo?»

Algunos creyentes bien intencionados habían «profetizado» que Jeffrey volvería a caminar. Un médico hasta le dio la impresión de que una operación de la espalda le capacitaría para que finalmente dejara atrás su silla de ruedas. Jamás sucedió.

A medida que me relataba esto, oré por sabiduría.

—Jeffrey —dije lentamente—, no quiero decir nada que parezca un cliché.

Asintió, ya que sabía exactamente lo que quería decir.

—Pero tu felicidad como persona simplemente no puede depender de tu condición física —esperaba que mi corazón, que se quebrantaba por este joven, saliera a través de mis palabras.

—Eso lo sé —replicó Jeffrey sinceramente.

—Jeffrey, hay miles y miles de cristianos por ahí que están saludables y pueden andar. Pero están en esclavitud emocional y espiritual. Sin embargo, ¡tú tienes la oportunidad de salir de este cuarto hoy como hombre libre!

Lo que sucedió después fue increíble. A medida que oramos juntos, comenzó a perdonar a los médicos que lo habían herido. Dejó su ira hacia Dios. Le agradeció, con fe, por cada parte de su cuerpo que no trabajaba bien. Se encomendó una vez más al cuidado del Señor y le entregó cada parte de su cuerpo para que fuera usado para su gloria.

Después que todo terminó, el rostro de Jeffrey radiaba a través de sus lágrimas. Y así pasó conmigo.

¿Todavía usa su silla de ruedas? Sí. Pero anda por fe en el Dios que un día dirá en el cielo: «¡Levántate y anda!» Y entonces será completamente sanado para siempre. Empero, por ahora, basta con un alma sanada.

¿Puedes verlo? ¡*Es* posible andar por fe cuando las cosas son difíciles! Simplemente pregúntale a Jeffrey.

Ya debería estar claro que la fe es más que sólo concordar en tu cabeza conque algo es cierto. No es pasiva; es activa. La verdadera fe bíblica lleva a la acción. Para Jeffrey, era elegir perdonar y liberar su ira. Era agradecerle a Dios por su cuerpo y encomendárselo al Señor para su uso. E implicaba continuar con su vida, confiando en Jesús para que la convirtiera en lo que Él quería que fuera.

## La fe es algo más que una actitud

Quizás hayas escuchado la historia del artista de circo que colocó un cable sobre las cataratas del Niágara y las cruzó en un uniciclo. La muchedumbre que se reunió para verlo estaba asombrada. Cuando regresó, todos enloquecieron, saludándolo y aplaudiendo su increíble hazaña.

Entonces preguntó: «¿Quién cree que puedo hacerlo de nuevo con un hombre sobre mis hombros?» La muchedumbre rugió asintiendo. ¡Ellos creyeron que podía hacerlo! «Muy bien, entonces», continuó, «¿quién se va a montar?» Nadie dijo ni una palabra.

Como verás, la persona que se suba a los hombros del artista es la que verdaderamente cree. La fe no sólo es pensamiento, es acción, como Santiago predicó tan claro:

> *Hermanos míos, ¿de qué aprovechará si alguno dice que tiene fe, y no tiene obras? ¿Podrá la fe salvarle? Y si un hermano o una hermana están desnudos, y tienen necesidad del mantenimiento de cada día, y alguno de vosotros les dice: Id en paz, calentaos y saciaos, pero no les dais las cosas que son necesarias para el cuerpo, ¿de qué aprovecha? Así también la fe, si no tiene obras, es muerta en sí misma. (Santiago 2.14-17)*

No, las buenas obras no te salvan. Somos salvos por la gracia de Dios mediante la fe (Efesios 2.8-9). Pero la verdadera fe salvadora *resultará* en buenas obras (Efesios 2.10). Deja que tu verdadera fe en Cristo irradie a los que te rodean mediante oraciones fervientes, palabras bondadosas de amor y sabiduría, y obras útiles que satisfagan las necesidades de la gente.

La «fe» que no tiene obras es una fe falsa, una falsificación demoníaca de lo verdadero. Hasta el diablo sabe quién es Cristo y lo que alcanzó con su muerte y resurrección. Aunque los demonios se saben la Biblia al revés y al derecho, no son salvos. Es más, se estremecen cuando piensan en Dios (Santiago 2.19). Están consagrados a tratar de detener todo lo que Dios hace en el mundo.

El plan de Satanás es desacreditar a Dios y minar nuestra confianza en su Palabra. Pero si hay una falsificación, tiene que haber algo verdadero. Si hay espíritus engañadores, debe haber un Espíritu Santo que nos guiará a toda verdad. Mira cómo hemos de responder a lo que es falso y elegir lo que es verdadero:

> *Queridos hermanos, no crean ustedes a todos los que dicen estar inspirados por Dios, sino póngalos a prueba, a ver si el espíritu que hay en ellos es de Dios o no. Porque el mundo está lleno de mentirosos que dicen hablar de parte de Dios... Hijitos, ustedes son de Dios y han vencido a esos mentirosos, porque el que está en ustedes es más poderoso que el que está en los que son del mundo... porque todo el que es hijo de Dios vence al mundo. Y nuestra fe nos ha dado la victoria sobre el mundo. El que cree que Jesús es el Hijo de Dios, vence al mundo. (1 Juan 4.1, 4; 5.4-5,* Dios habla hoy*)*

«¡Oye, no hay nada como lo verdadero!» Ese refrán se refiere a algo más que las gaseosas. Es útil también con la vida. Lo «verdadero» va a satisfacer nuestras necesidades más profundas, ya sea en la vida o en la muerte. Lo verdadero es Jesucristo. Nadie podrá hacerlo mejor cuando las cosas se pongan difíciles.

Cerraremos este capítulo con otra historia de fe.

A fines de julio de 1976, un grupo de liderazgo femenino de la Cruzada Estudiantil para Cristo disfrutaba de un retiro en una hacienda, en la base del cañón del Río Big Thompson. Ese escarpado cañón baja desde el pueblo de Estes Park, Colorado, hasta tierra más plana cerca del pueblo de Loveland.

Una noche, un tremendo torrencial explotó sobre Estes Park y derramó más de 20 centímetros (unas ocho pulgadas) de lluvia sobre terreno rocoso. La tierra, que no tenía el terreno para absorber esa cantidad de agua, simplemente canalizó el agua al río.

Debido a la severidad de la tormenta, los cables eléctricos se cayeron y los teléfonos no funcionaban en la hacienda. Las mujeres que estaban allí desconocían que se había dado una advertencia de inundaciones repentinas y se estaba evacuando todo el cañón.

Afortunadamente, dos autos policiales bajaron al cañón, con las sirenas sonando y los altoparlantes advirtiendo en cuanto a la emergencia. La mujeres se apilaron en un par de vehículos y siguieron a los autos de la policía fuera del lugar.

Por desgracia, uno de los autos policiales se fue por el camino equivocado y llegó atiborrado con ocho mujeres de vuelta al cañón. Manejaron justamente a las fauces de la inundación.

Los que atestiguaron en cuanto al agua arremetiendo por el Río Big Thompson dijeron que era una pared de agua de casi 7 metros de altura. El impulso de la inundación barrió con árboles enteros, rocas, y partes de casas río abajo.

A medida que el agua llenaba irremediablemente el auto con las ocho mujeres adentro, una de ellas se escurrió de milagro por una ventana y pudo salvarse nadando. Luego contó lo que sucedió en ese vehículo.

Dijo que cuando se percataron con certeza de que iban a ahogarse, todas cantaron al Señor: «Gracias, Jesús. Gracias, Jesús».

Al día siguiente se estableció una morgue temporal en una enorme sala comunitaria. Cientos perecieron en la inundación. Parte del personal de la Cruzada Estudiantil tenía el trabajo de ver si los cuerpos de las siete mujeres fueron recuperados. De ser así, tenían que identificarlas.

Cuando le mencionaron al hombre que supervisaba los cuerpos que buscaban siete mujeres cristianas de la Cruzada Estudiantil, su rostro mostró de inmediato que sabía de quienes estaban hablando.

—Por favor, pase por aquí. Creo que sé cuáles son —dijo.

Pasaron a través de los cadáveres cubiertos con sábanas hasta que el hombre se detuvo. Sacó siete sábanas, revelando a las mujeres.

—¿Cómo sabía que éstas eran las que buscábamos? —preguntaron los hombres, confundidos.

—Cuando me dijo que eran cristianas, lo supe. Son sus rostros. Sus semblantes son como las caras de los ángeles. Todos los demás tienen sus rostros doblados y contorsionados en agonía y terror. Por eso lo supe.

¿Es acaso este sólo un trágico relato de siete mujeres jóvenes que murieron antes de tiempo? Realmente no. Verás, los padres de las damas dieron permiso para que sus historias fueran impresas en el periódico, en realidad en cientos de periódicos a través del país. Millones de personas leyeron acerca de su fe, y sólo Dios sabe cuántos fueron tocados por el poder salvador del Señor Jesucristo como resultado de las vidas y las muertes de esas mujeres.

¿Fue valiosa la pena para esas siete mujeres que vivieron y murieron confiando en Aquel que murió y resucitó por ellas? Bueno, ahora están en el cielo, así que me parece que no podemos preguntárselo. Pero de una u otra manera creo que ya sabemos lo que dirían.

Tenemos el privilegio de andar por la fe en el Dios que se ha mostrado fiel a través de todo el tiempo. Hebreos 11 contiene una lista parcial del Salón de la Fama de la fe de Dios, hombres y mujeres a través de la Biblia que han caminado por la fe y han sido fieles a Dios. Sucede que pensamos que Dios todavía está añadiendo nombres a esa lista de fieles seguidores. Pensamos que probablemente se añadieron siete nombres más en julio de 1976. Y quisiéramos que nuestros nombres entraran un día en ese Salón de la Fama de la fe.

¿Y qué de ti? ¿Podrías unirte a nosotros al expresarle nuestras gracias a Dios por su fiel presencia y su poder?

*Querido Padre celestial, eres el único en quien confío. Eres en definitiva el único confiable y completamente fiel. En ti es en quien creo. Eres el camino y la verdad y la vida. Sostienes todas las cosas con tu poderosa Palabra.*

*Perdóname por las muchas veces que me puse ansioso o*

*temeroso y no anduve por fe en ti. Perdóname por las veces que creí conocer tu voluntad sin molestarme en preguntártela. Creí que bendecirías todos mis planes. Me equivoqué al hacer eso. Gracias por tu perdón.*

*Quiero conocer tus caminos para conocer tu voluntad y crecer en mi fe. Te pido que me llenes con el Espíritu Santo y me guíes al camino de la verdad. Te pido que no me lleves a la tentación, sino que me libres del malo.*

*Oro que jamás me permitas extraviar a otra persona mediante mis palabras o mi ejemplo, sino que le permitas a otros ser fortalecidos en su andar por la fe mediante tu obra de gracia en mi vida. Para ti sea toda la gloria. Amén.*

Capítulo 12

# Cómo ser un detective espiritual

Había terminado (Rich) de hablar en una conferencia de jóvenes cuando una adolescente y su líder se me acercaron. Estaban emocionados en cuanto a lo que Dios había hecho en sus vidas, pero la joven todavía estaba un tanto confusa por algo.

Su líder juvenil explicó que habían tratado de deshacerse por meses de Mario. No, Mario no era un ex novio o algo por el estilo. Resulta que Mario había sido un «amigo» de otra clase. Era un ser invisible, algunas veces llamado «amigo imaginario». Pero no había nada «imaginario» en cuanto a él.

Mario había estado con Kelsey (este no es su verdadero nombre) por largo tiempo. Nunca parecía darle malos consejos a ella. Es más, gran parte de lo que le dijo era bastante útil. El principal problema con Mario era que Kelsey había llegado a depender más de él que de Dios.

Precisamente antes de conocerla, Kelsey había pasado por *Los pasos de la libertad en Cristo* con el resto del grupo. Luego de terminar, trató de ponerse en contacto con Mario.

«¡Mario! ¡Mario!» llamaba, pero ninguna voz respondió en su cabeza. «Mario, ¿estás ahí?» Lo intentó nuevamente, pero con el mismo resultado.

El líder juvenil continuó contándome que unas semanas antes de la conferencia, trataron de llevar a Kelsey a través de *los pasos de la libertad en Cristo* por ella misma. Pero Mario la había mantenido despierta toda la noche, así que estaba demasiado exhausta al siguiente día como para pasar por ellos.

—¿Qué crees que era Mario? —le pregunté a Kelsey.

—No sé —replicó, sacudiendo su cabeza confundida.

—Mario era un espíritu guía, un demonio que finjía ser tu amigo —le expliqué.

En realidad, Mario no era su amigo sino su enemigo. Le dije a Kelsey que renunciara (rechazar verbalmente) a conversar con Mario, y ella le dijo que se marchara y no regresara jamás.

—Y si Mario en alguna ocasión intenta regresar, ¡no lo invites a entrar! —le advertí—. Aun si aparece *Super* Mario, ¡dile que se largue en el nombre de Jesús!

Kelsey, como muchos otros, tanto cristianos como incrédulos, fueron engañados. La táctica favorita de Satanás es el *engaño,* engañándonos para que caigamos en una de sus trampas. ¿Cuál es nuestra arma defensiva contra el engaño? El *discernimiento,* la habilidad de distinguir entre la verdad y las mentiras y entre el bien y el mal.

El discernimiento es una parte crítica de nuestro andar con Dios. Es una habilidad sobrenatural dada por el Espíritu Santo. Es nuestra primera línea de defensa cuando nuestro conocimiento o experiencia no basta para protegernos. Es la campana de advertencia que suena dentro de nuestro espíritu, diciéndonos que algo anda mal.

Un día, andaba (Rich) en un autobús en Birmingham, Inglaterra. Como estaba hablándoles a unos jóvenes de secundaria detrás de mí, mi espalda daba hacia el frente del ómnibus. De pronto tuve ese tremendo sentido de la presencia del mal. La impresión era tan fuerte, que me viré hacia el frente justamente cuando dos misioneros mormones subieron al autobús.

¿Había alguna manera «racional» para que supiera que dos miembros de una secta estaban abordando el ómnibus en ese mismo momento? No. ¿Pudo haber sido una afortunada coincidencia? No creo. Entonces, ¿qué estaba sucediendo?

Claramente, el Espíritu Santo dentro de mí testificaba que se acercaba un espíritu inmundo (demonio). Esa era mi primera línea de defensa. De inmediato me puse en alerta espiritual. Una vez que vi a los miembros de la secta, mi mente reconoció la razón de la sirena espiritual que Dios había encendido dentro de mí. Entonces pude orar y pedirle al Señor que protegiera a los jóvenes estudiantes cristianos que estaban conmigo.

## Nuestro valiente líder

Jesucristo tuvo un cien por ciento de discernimiento en los corazones de los hombres y la presencia del mal. Nosotros no. Pero se nos dio el Espíritu Santo, y Él nos puede entrenar como los «detectives espirituales» que necesitamos ser en un mundo lleno de engaño.

El Espíritu Santo, que vive dentro de todos los creyentes en Cristo, es el Espíritu de *verdad*, como dijo en Juan 16.13-15 y reafirmó en 1 Juan 2.20-21:

> *Cristo les ha dado a ustedes el Espíritu Santo, y todos ustedes tienen conocimiento. Les escribo, pues, no porque no conozcan la verdad, sino porque la conocen; y ustedes saben que ninguna mentira puede venir de la verdad. (1 Juan 2.20-21,* Dios habla hoy*)*

Juan *no* está diciendo que ya no es necesario estudiar la Biblia. Sin embargo, lo que sí dice es que el Espíritu Santo dentro de nosotros será nuestro guía a medida que pasamos por la vida. Él nos enseñará a discernir la verdad y las mentiras. Nos revelará lo que la Palabra de Cristo realmente significa y cómo debemos obedecerla. Nos advertirá en cuanto al peligro espiritual.

La verdad es lo que nos protege del malo; la verdad es la voluntad de Dios dada a conocer mediante su Palabra (Juan 17.15,17). Entonces, la clave para desarrollar un espíritu discernidor es dejar que el Espíritu de verdad (el Espíritu Santo) te guíe a entender la verdad (la Biblia), ¡como la expresó la Verdad (Jesucristo)!

## Elige tu marca: ¿Espiritual o carnal?

Muchos cristianos no tienen sus «antenas espirituales» arriba, ni sus «radios espirituales» sintonizados con la estación de Dios. Llamamos a esta clase de cristianos «carnales», «mundanos» o «chuletas». Vivir de manera carnal es trágico, porque el engaño nos rodea. Es muy fácil bajar la guardia y ser atontado por alguna enseñanza falsa, aun mediante una impresión demoníaca colocada directamente en nuestras mentes.

Los cristianos carnales eligen andar según la carne. El apóstol Pablo les escribió de esta manera:

> *De manera que yo, hermanos, no pude hablaros como a espirituales, sino como a carnales, como a niños en Cristo. Os di a beber leche, y no vianda; porque aún no erais capaces, ni sois capaces, todavía, porque aún sois carnales; pues habiendo entre vosotros celos, contiendas y disensiones, ¿no sois carnales, y andáis como hombres? (1 Corintios 3.1-3).*

Los cristianos carnales tienden a pasar por alto la Palabra de Dios y en vez de eso viven según las falsas creencias de la sociedad pecaminosa. Estos cristianos espiritualmente derrotados no se ponen la armadura de Dios y terminan prestándole atención a espíritus engañadores. Obvian tontamente la presencia del Espíritu Santo dentro de ellos, y por lo tanto se ubican en un grave peligro espiritual.

Por otra parte, hay un hombre espiritual. Parece que fuera un superhéroe, ¿verdad?... ¡completo con una gran insignia en su pecho! Bueno, me parece que podrías llamarlo un héroe sobre*natural*, un héroe de la fe.

El «hombre espiritual» está aprendiendo a pensar y actuar de acuerdo con la verdad (Efesios 4.21, 23). Tiene la mente de Cristo y la está usando para discernir la verdad (1 Corintios 2.15-16). Estudia la Palabra de verdad (la Biblia) para conocer la verdad y usarla correctamente (2 Timoteo 2.15). Anda libre de la esclavitud del pecado y Satanás, porque la verdad lo libera (Juan 8.32). Vive en el poder del Espíritu Santo, no en la energía de la carne, así que el fruto del Espíritu es evidente en su vida (Gálatas 5.16-23).

Un buen ejemplo de un «hombre espiritual» lo fue el rey Salomón en los inicios de su reinado. Cuando Dios le dijo a Salomón que podía tener lo que quisiera, el rey pidió un corazón sabio y que supiera discernir. Salomón pudo haber pedido de manera egoísta grandes riquezas, una larga vida, o una victoria militar fácil, pero no lo hizo. Así que Dios le dio mayor sabiduría que cualquier otro hombre que jamás haya vivido, aparte de Cristo, por supuesto (1 Reyes 3.8-12).

Dios le dio a Salomón un corazón sabio y prudente porque sus motivaciones eran puras. El rey reconoció humildemente su necesidad de reconocer el bien y el mal, le pidió a Dios que lo ayudara, y así lo hizo Dios.

El verdadero discernimiento de Dios se le da a aquellos cuya motivación es el amor. Las razones equivocadas abren la puerta a las falsificaciones de Satanás.

Hace unos años, una joven universitaria me seguía (Neil) a mis diferentes presentaciones públicas. Luego de un servicio vespertino, temblaba visiblemente. La vi luchando y le pregunté si podía ayudarla. Accedió a pasar por mi oficina al siguiente día.

La joven reconoció que tenía problemas y dijo que estaba

viendo a un orientador cristiano, pero no tomaba las sesiones muy en serio. Parecía saber todo lo que el consejero habría de hacer, así que disfrutaba jugando mentalmente con él. Cuando vi el sendero destructivo en el cual se encontraba, la reté.

«Te gusta hacer eso, ¿verdad? Te gusta la ventaja que te provee sobre otras personas».

La joven creía que Dios le había dado el don de leer la mente, el cual la capacitaba para señalar los pecados de las personas. Pero cuando la ayudé a encontrar su libertad en Cristo, esa habilidad desapareció. No era el Espíritu Santo dándole discernimiento. Era un espíritu malvado que pretendía ser el Espíritu de Dios.

¿Cómo había conseguido el demonio entrar a su vida? Es muy probable que fuera mediante su orgullo. Las motivaciones de la joven no habían sido puras, ella se enorgullecía de su habilidad para conocer los secretos ajenos en lugar de llorar por sus pecados y restaurarlos en amor.

La Biblia habla acerca de la «discreción de espíritus» (1 Corintios 12.10, *Biblia del Peregrino*), lo cual se refiere a un don espiritual. El Espíritu Santo puede habilitarnos para distinguir entre un espíritu bueno y uno malo. Algunas personas tienen un don espiritual especial para hacer esto, pero todos tenemos la responsabilidad de estar alerta ante los engaños.

Aunque el discernimiento espiritual es de manera especial una función del Espíritu, no de la mente, requiere nuestros cerebros. Y el don espiritual del discernimiento no reemplaza la necesidad de conocer la verdad de la Palabra de Dios, sino que edifica sobre la verdad que ya entendemos. Muchas veces el Espíritu Santo nos alertará en cuanto a algo que anda mal. Eso es discernimiento. Entonces nuestras mentes automáticamente comenzarán a buscar *qué* está mal. Es posible que eso no suceda de inmediato y necesitamos orar para que Dios, a su debido tiempo, nos revele cuál es el problema.

Permíteme (Neil) ilustrarlo. Imagínate que mi hijo llega a la casa y siento que algo anda mal. Así que le pregunto:

—Karl, ¿qué anda mal?

Él dice:

—Nada.

Una vez más le pregunto qué anda mal, y una vez más afirma que «nada». Mi «botón de alarma» suena porque discierno que algo *está* mal.

Este es el punto en dónde usualmente arruinamos las cosas. Pensamos que somos bastante inteligentes así que tratamos de adivinar cuál es el problema. Podríamos comenzar a hacer preguntas como: «Karl, ¿has vuelto a hacer esto y lo otro?» Si adivino mal (y probablemente así lo haré), arruino la oportunidad que me dio el discernimiento. Karl se esconderá en el cuarto, enojado conmigo por acusarlo falsamente.

Entonces, ¿qué debo hacer? Simplemente expresar el discernimiento:

—Karl, algo anda mal.

—No, papá, ¡nada está mal!

—Karl, *sé* que algo anda mal.

Él encogerá sus hombros y se marchará a su cuarto. Pero, ¿será ése el final? No, ¡qué va! Recuerda, el Espíritu Santo hizo que me diera cuenta de que algo andaba mal, y luego de expresarlo, Dios tuvo una línea franca con Karl en su recámara.

¿Adivina que pasará en ese cuarto? ¡Convicción! Puedo imaginarme lo que pensará, *¡Papá lo sabe!* Y consentirá en expresarme el problema.

A veces el Espíritu Santo nos da algo más que una simple advertencia de que está presente el mal. Algunas veces nos da impresiones distintivas de cuál es el problema. Esta clase de dirección de parte del Señor ocurre con bastante regularidad en nuestras sesiones de consejería.

Por ejemplo, una cristiana madura y yo (Rich), estábamos orientando a una atribulada joven. De pronto sentí que el Señor me dirigía a preguntarle de manera amable si había tenido un aborto en algún momento. En efecto había tenido dos de ellos. Confesar su pecado y experimentar el perdón de su Padre resultaron ser piezas importantes en el rompecabezas para encontrar su libertad en Cristo.

Debemos pedirle al Señor que nos guíe al comunicar estos pensamientos. Debemos hablar la verdad en amor (Efesios 4.15), recordando que una respuesta blanda aplaca la ira (Proverbios 15.1).

Pero ninguno de nosotros es perfecto. Algunas veces nuestras impresiones simplemente no son cosas con las cuales el aconsejado lucha. Otras veces son precisas, pero la persona no está lista para enfrentar la verdad. Por eso es que un espíritu bondadoso y una actitud paciente son esenciales.

Es importante notar que aun si nuestras impresiones *son* verdaderas, no son «revelaciones bíblicas», y definitivamente no son un sustituto para conocer la Biblia.

Nuestra habilidad para discernir crece en proporción con nuestra madurez espiritual y nuestro conocimiento de Dios y sus caminos. No hay atajos hacia la madurez. Primero debemos beber leche antes de comer carne. Es decir, primero debemos aprender lo básico de la fe antes de continuar hacia verdades espirituales más profundas. Primero debemos madurar en amor antes de poder discernir lo que es mejor para nosotros y para otros con un corazón puro (Filipenses 1.9-10).

El discernimiento sin amor lleva a un espíritu crítico, enjuiciador, de superioridad y autojusticia. Jesús advirtió severamente contra esa clase de actitud cuando dijo:

> *No juzguéis, para que no seáis juzgados. Porque con el juicio con que juzgáis, seréis juzgados, y con la medida con que medís, os será medido. ¿Y por qué miras la paja que está en el ojo de tu hermano, y no echas de ver la viga que está en tu propio ojo? ¿O cómo dirás a tu hermano: Déjame sacar la paja de tu ojo, y he aquí la viga en el ojo tuyo? ¡Hipócrita! saca primero la viga de tu propio ojo, y entonces verás bien para sacar la paja del ojo de tu hermano (Mateo 7.1-5).*

El discernimiento *con* amor produce amor, esperanza y libertad en Cristo.

## La moda de los ángeles

Una área principal de engaño en los EE.UU. actualmente se ocupa de la última «moda» espiritual: los ángeles. Si hay alguna ocasión en la que se necesita el discernimiento, ¡es esta! Desafortunadamente, muchas personas son engañadas espiritualmente por esta moda de los ángeles. Podrías llamarla: «Los cuentos chinos de los ángeles».

Hace casi dos mil años, el apóstol Pablo nos advirtió que espíritus malvados se harían pasar por ángeles de Dios cuando escribió: «Satanás mismo se disfraza como ángel de luz» (2 Corintios 11.14).

¡Un ángel de luz! Esas son las «Ligas mayores» del engaño malvado. No creas que cualquier ser sobrenatural rodeado de luz que le aparece a alguien debe venir de Dios. Recuerda, los demonios son expertos en el arte de hacerse pasar por otros. Llegarán hasta a hablar acerca de Dios, del amor, el gozo, la oración, nuestra necesidad de amar a otros, etc. Como un billete falsificado, pueden parecerse tanto a lo verdadero que es difícil distinguirlos.

Un reciente programa de televisión presentó relatos de cómo los ángeles ayudaron a personas. Algo así como el programa *Rescue 911* [Rescate 911] del mundo espiritual. Un hombre llamado Andy tomó una sobredosis de cocaína. Se las arregló para arrastrarse de regreso a su apartamento y meterse en la ducha. Mientras estaba allí, unos ángeles dieron vueltas a su alrededor y aparentemente le salvaron la vida.

Varios días después tres ángeles rodeados de luz se le aparecieron y le dieron un corrientazo en la frente otorgándole así el talento de pintar. (Dicho sea de paso, la frente, es la localización del «tercer» ojo, o el ojo síquico en el ocultismo.) Los ángeles entonces le ordenaron que pintara 2000 retratos de ángeles para el año 2000. Ya ha completado cientos de ellos. Supuestamente hasta el Papa tiene una de sus pinturas.

Yo (Rich) vi algunos ejemplos de su arte. ¡No sé qué corrientazo fue el que le dieron pero su talento no fue dado por Dios! ¡Sus ángeles parecen pescados! Y en efecto algo huele a «pescado» en todo esto.

Aparte de la calidad de las pinturas, ¿qué tienen de malo dos mil retratos de ángeles? Mucho. Los verdaderos ángeles de Dios no llevan a las personas a los ángeles; le señalan al verdadero Dios, el Señor Jesucristo.

Dos veces en el libro de Apocalipsis, el apóstol Juan se postró ante un ángel para adorarle. En ambas ocasiones el ángel lo detuvo rápidamente. En Apocalipsis 19.10, Juan registró las palabras del ángel en una de esas ocasiones: «Mira, no lo hagas; yo soy consiervo tuyo, y de tus hermanos que retienen el testimonio de Jesús. Adora a Dios».

Sé precavido con los relatos de supuestos «ángeles guardianes» que desarrollan amistad prolongada con personas. Eso simplemente jamás sucede en la Biblia. También está alerta cuando los ángeles le dicen sus nombres a la gente. En la Escritura, los ángeles se les aparecieron como mensajeros a muchas personas, como Abraham, Balaam, Gedeón, Daniel, José, María y otros. Ni en una ocasión ninguno de ellos se identificó como un «ángel guardián». Sólo una vez (en el caso de Gabriel) ofreció su nombre el mensajero angelical. Y sólo en una ocasión se le apareció el ángel varias veces a alguien durante un período de tiempo. Eso fue cuando José tuvo que ser advertido por un ángel varias veces en sueños para que llevara al joven Jesús a un lugar seguro. Sin embargo, no hay indicación alguna en la Biblia de que los ángeles entablaran siquiera algo que remotamente pudiera considerarse cercano a una amistad.

Lo que es raro e inexistente en la Biblia ha llegado a ser algo común en nuestra facilidad de engañar nación. Debemos aprender a juzgar lo que experimentamos por lo que dice la Biblia... ¡no al revés!

Entonces, ¿cuál es la verdad? ¿Vienen realmente los ángeles a la tierra a ayudar a las personas? Dejemos que hable la Biblia: «¿No son todos espíritus ministradores, enviados para servicio a favor de los que serán herederos de la salvación?» (Hebreos 1.14).

En verdad, Dios envía a sus mensajeros a ayudar a su pueblo. La Biblia es muy clara en eso. Sin embargo, no podemos llamarlos y hacer que vengan ante nosotros. Dios los envía en su momento oportuno.

Algunas veces los que encuentran ángeles no los reconocen como tales, como continúa diciéndonos el escritor de Hebreos: «No os olvidéis de la hospitalidad, porque por ella algunos, sin saberlo, hospedaron ángeles» (Hebreos 13.2).

Los ángeles de Dios pueden tomar forma humana. Así lo hicieron cuando rescataron a Lot de la destrucción de la ciudad de Sodoma (Génesis 19.). Sin embargo, muchas veces la majestuosa presencia de un ángel creó tal terror en la persona que el ángel tuvo que decirle que no temiera (por ejemplo, Lucas 1.12-13).

Ciertamente un espíritu demoníaco también puede inspirar terror. ¿Hay algunas otras maneras de investigar un supuesto ángel para ver si verdaderamente es legítimo? Puedes examinar con detenimiento el mensaje que trae. ¿Enseña cualquier cosa contraria a la verdad de la Palabra de Dios?

En ese mismo programa de televisión que mencionamos anteriormente, un hombre llamado Vern dijo haber recibido mensajes de ángeles que le hablaron directo a su mente. Ellos le señalaban personas que necesitaban ayuda, algunas de las cuales eran suicidas, y pudo prevenir que una cantidad de personas se quitaran la vida.

Mientras miraba dije: «Señor, esto parece realmente bueno. ¿Viene de ti?» (Esa, de paso, es siempre una pregunta en verdad inteligente para Dios cuando estés confundido o en duda.)

El relato continuó describiendo un mensaje que Vern recibió en medio de la noche. Lo sacudió de su sueño. «Encuentra al niño con la rosa», le dijo la voz. Anduvo días viendo las aceras mientras manejaba su auto, buscando un joven que cargara una rosa. No tuvo suerte.

Un día se sintió motivado a entrar a una cafetería a la cual no había ido por un tiempo. Allí trató de hablar con un joven atribulado y un tanto hostil. Mientras el joven se estiró para alcanzar algo, ¡se le subió la manga y reveló un tatuaje de una rosa en su brazo! Este joven se iba a quitar la vida, pero Vern pudo convencerlo de que no lo hiciera.

Todavía estaba confundido en cuanto a si el poder de Vern era de Dios o no. Entonces salió la verdad. Vern murió y «el joven con la rosa» asistió al funeral para contarle a la viuda de Vern el relato de cómo él lo ayudó. De acuerdo con las palabras de la mujer, Vern le había dicho al joven cuáles eran sus puntos de vista en cuanto a la *reencarnación*. Eso fue lo que lo convenció a no cometer suicidio.

¡Bingo! Vern no era dirigido por un ángel de Dios. Estaba tratando con un demonio, un guía espiritual que se estaba haciendo pasar por un ángel. ¿Cómo lo sé? Porque la Biblia no enseña la reencarnación; enseña la *resurrección*. Y aunque algunas de las acciones de Vern produjeron un bien temporal, la salvación de vidas, su fuente de poder era malvada (Mateo 7.15-17).

Juan escribe: «Queridos, no os fiéis de cualquier espíritu, antes comprobad si los espíritus proceden de Dios; pues muchos falsos profetas han venido al mundo» (1 Juan 4.1, *Biblia del Peregrino*). Este es un mandamiento, no una opción. Dios requiere que probemos los espíritus. El Espíritu de Dios nos capacitará para hacerlo si seguimos su dirección a medida que estudiemos con diligencia la Palabra de Dios.

No desperdiciemos este precioso recurso que Dios ha puesto a nuestra disposición, la habilidad mediante el Espíritu Santo de discernir el bien y el mal, lo correcto y lo incorrecto, y la verdad y las mentiras. Los tiempos son demasiado peligrosos, espiritualmente hablando, como para ser vagos. Necesitamos estar al margen de nuestra fe. Dios nos ha puesto en «alerta roja». ¿Podrías unirte a nosotros mientras oramos?

*Querido Padre celestial, deseo conocerte a ti y a tus caminos. No deseo tomar ningún atajo y ser engañado por espíritus malignos. Deseo conocer la verdad, y Jesús es la verdad. Dame la fortaleza que necesito para estudiar diligentemente tu Palabra para que mi mente se renueve.*

*Quiero que otros vean tu amor en mí. Que esa sea la prueba de que soy tu discípulo. Por favor, protégeme para no pensar que soy un «sabiondo» espiritual. Te confieso mi orgullo. Me humillo ante ti y te pido que me llenes con el Espíritu Santo.*

*Te pido que me guíes a toda verdad, para poder discernir el bien y el mal. Dame el valor para exponer las mentiras y el engaño a mi alrededor, pero siempre permite que lo haga con un corazón lleno de amor. Te pido todo esto en el nombre de Jesús. Amén.*

# Capítulo 13

# Caminar de la mano con Dios

Un joven piloto volaba solo cuando de pronto el clima empeoró. No tenía suficiente gasolina para regresar, así que no tuvo otro remedio que proseguir. La visibilidad disminuyó casi a cero a medida que bajaba la neblina. No podía ver hacia dónde iba, así que tenía que depender por completo de sus instrumentos en la cabina. Había sido entrenado para hacerlo, pero ahora era un caso de vida o muerte. ¡Decir que estaba nervioso no era una exageración!

La idea de aterrizar era lo más espantoso. Tenía que volar a un ocupado aeropuerto de una ciudad grande, y jamás había estado allí anteriormente. En unos minutos estaría en contacto radial con la torre, pero por ahora estaba a solas con sus pensamientos.

Habría sido muy fácil atemorizarse. Dos veces cogió el radio para transmitir una señal de ayuda, pero se obligó a repasar una y otra vez las palabras de su instructor. Éste prácticamente lo había forzado a memorizar el libro de reglas. En aquél entonces lo había odiado, pero ahora estaba contento de haberlo hecho.

Al fin escuchó la voz del controlador de tráfico aéreo. El joven piloto pidió instrucciones para aterrizar tratando de no parecer muy nervioso.

«Voy a ponerlo en un patrón de espera», respondió el controlador.

*¡Fantástico!* pensó el piloto. Pero muy adentro sabía que aterrizar de manera segura estaba en las manos del hombre en la torre. Después de todo, el controlador tenía radar y sabía mucho mejor que él lo que sucedía a su alrededor.

El piloto tenía que depender de toda su instrucción y entrenamiento anterior y confiar en un controlador de tráfico aéreo que no podía ver. Las palabras del antiguo himno: «Confía y obedece, porque no hay ninguna otra manera», se convirtieron en una realidad para él. Consciente de que este no era el lugar para ser arrogante, le dijo al controlador: «Este no es un experimentado profesional acá arriba. Apreciaría cualquier ayuda que pueda darme».

«¡Así lo haré!», escuchó.

Durante los próximos 45 minutos, el controlador guió con amabilidad al joven piloto a través de la enceguecedora neblina. De vez en cuando le indicaba que alterará su curso o su altitud. El piloto se percató de que el controlador lo estaba guiando alrededor de obstáculos y fuera de posibles colisiones.

Con las palabras del libro de reglas claras en su mente y la apaciguadora voz del controlador en sus audífonos, el piloto finalmente aterrizó con seguridad.

El Espíritu Santo, como el controlador de tráfico aéreo, nos guía a través de las confusas y ocasionalmente peligrosas neblinas de la vida. El controlador supuso que el joven piloto entendió las instrucciones del manual de vuelo. Su dirección estaba basada en eso. El Espíritu Santo nos pide, de la misma manera, que descansemos en la Palabra de Dios y la usa para guiarnos.

El manual de instrucción de vuelo enseña la verdad en cuanto a cómo debe volar el piloto. Pero, ¿acaso el manual le dio al piloto el *poder* para volar? Por supuesto que no. El avión tenía un motor, y esa era la fuente de su poder. Además, hacía falta el controlador de tráfico aéreo para ayudar al piloto a volar de manera *segura*. Él instruyó al piloto en cuanto a cosas que este no podía ver: su localización, otros aeroplanos, cómo y cuando aterrizar.

No basta que como cristiano conozcas tu manual de instrucción, la Biblia. Debes descansar en tu controlador de tráfico aéreo, el Espíritu Santo, para que te guíe alrededor de obstáculos invisibles y sobre un sendero desconocido. El Espíritu de Dios también nos ofrece entendimiento acerca de lo que la Biblia dice.

¿Ves que hace falta un equilibrio? Tanto la Palabra como el Espíritu, el Espíritu y la Palabra.

## El juego de la cuerda

¿Así que, qué significa andar en el Espíritu? ¿Cómo sabemos si eso está sucediendo en nuestras vidas? Vamos a comenzar examinando detenidamente la enseñanza de Pablo en Gálatas 5.16-18:

> *Os encargo que procedáis según el Espíritu y no ejecutéis los deseos del instinto. Pues el instinto desea contra el Espíritu y el Espíritu contra el instinto; y son tan opuestos, que no hacéis lo que queréis. Pero si os guía el Espíritu, estáis sometidos a la ley.* (Biblia del Peregrino)

¿Te has sentido alguna vez como si hubiera un «tira y jala» dentro de ti y que tu mente es la cuerda? Ese es el conflicto que ocurre dentro de cada creyente en Cristo. Es la batalla constante entre nuestra carne y el Espíritu.

La carne es la parte de nosotros que crece aprendiendo cómo vivir aparte de Cristo. Aprendemos a relacionarnos con la gente de formas egoístas. Se nos ocurren maneras de protegernos del dolor y defendernos contra el rechazo, el fracaso y el desaliento. Sabemos que estos caminos no son de Dios, pero desafortunadamente, todos estos hábitos pecaminosos no se eliminan de manera mágica cuando confiamos en Cristo como Salvador.

Empero, el Espíritu de Dios viene a vivir dentro de nosotros al momento que confiamos en Jesucristo como Salvador y Señor. Él está constantemente tratando de dirigirnos y fortalecernos para vivir según los caminos de Dios. La obra del Espíritu está directamente opuesta a la carne. Él nos impele a seguir los caminos de Dios en lugar de hacer lo que deseamos.

Así que esta es la primera pregunta que tenemos que hacer: ¿Nos estamos complaciendo a nosotros mismos o procuramos agradar a Dios? Gálatas 5.13 lo dice de esta manera: «Vosotros hermanos, habéis sido llamados a la libertad; pero no vayáis a tomar la libertad como estímulo del instinto; antes bien, servíos mutuamente por amor» (*Biblia del Peregrino*).

Si simplemente estamos haciendo lo que queremos, sin consideración a las enseñanzas de Dios, no estamos andando en el Espíritu; andamos de acuerdo a la carne. Pero si somos amorosos y servimos a otros, obedeciendo a la Palabra, andamos según el Espíritu. «El fruto del Espíritu es amor» (Gálatas 5.22-23).

## ¿Licencioso o legalista?

Cuando era joven (Rich), tenía un perro llamado Sam. Tenía una licencia canina en su collar muy apropiada porque era el clásico perro *licencioso*. Eso significa que hacía lo que quería y no le prestaba atención a nadie. Para Sam, ¡las reglas fueron hechas para violarse y él las violaba todas!

Siempre que tenía oportunidad, Sam se escapaba de la casa. Si dejábamos la puerta abierta por un segundo extra, se marchaba. Mientras se encontraba afuera se paraba en la calle y le ladraba a los autos. Perseguía a los ciclistas y a los corredores, tratando de morderles los pies. No era peligroso; simplemente molesto.

Un día Sam se escapó y se marchó por varias horas. De pronto lo vimos salir corriendo por la calle hacia nuestra casa. Habíamos colocado un recipiente con agua afuera, cerca de la puerta, esperando atraerlo para que se acercara lo suficiente como para agarrarlo. No hacía falta. Simplemente abrimos la puerta y entró disparado.

Entonces lo olimos. ¡Sam había sido atacado por un zorrillo! Se formó el caos. Mi papá, mi mamá, mi hermano y yo nos volvimos locos tratando de agarrar a nuestro pobre y torturado perro antes de que hiciera que todo apestara en la casa. Finalmente, mi madre lo agarró, lo arrastró al garage, y lo lavó con jugo de tomate. ¡Qué experiencia más absolutamente humillante para un perro tan macho!

Sam es como muchos cristianos. Rehúsan seguir las órdenes de su Amo. Hacen caso omiso a su Palabra. Perciben sus mandamientos como «algo que inhibe su estilo» en lugar de protegerlos de daño. Presumen la misericordia de Dios, pensando que Él simplemente los sacará de cualquier lío en que se metan. Dios jamás promete eso. No hay garantías contra los «ataques de zorrillo» de la vida, si decides vivir de acuerdo a la carne. En efecto, pueden haber consecuencias muy dolorosas por el pecado, hasta para los creyentes, como señala Gálatas 6.7-8:

> *No os hagáis ilusiones: de Dios nadie se burla. Lo que uno siembra eso cosechará. Quien siembra para el instinto del instinto cosechará corrupción; quien siembra para el espíritu, del espíritu cosechará vida eterna.* (Biblia del Peregrino)

Si decidimos andar por la carne, somos responsables por las consecuencias de las decisiones que hagamos. Si andamos por el Espíritu, Dios dice que asumirá la responsabilidad por las consecuencias.

¿Hay alguna salida para el cristiano licencioso? Por supuesto que sí. Pero no es el jugo de tomate. Es otro fluido rojo, mucho más precioso. Es la sangre de Jesús, disponible para limpiar a todos los que se responsabilicen por su pecado ante Dios:

> *Si decimos que compartimos su vida mientras caminamos a oscuras, mentimos y no procedemos con sinceridad. Pero si caminamos en la luz, como Él está en la luz, compartimos nuestra vida y la sangre de su Hijo Jesús nos limpia de todo pecado (1 Juan 1.6-7,* Biblia del Peregrino).

Sin embargo, muchos cristianos caen en el error opuesto a la licencia. Esto se llama *legalismo,* vivir por ciertas reglas y reglamentos con la esperanza de que al hacer esto se ganarán el favor de Dios y producirán vida espiritual. Esto es vivir «bajo la ley» y no es el plan de Dios para la vida. No tiene nada que ver con andar por el Espíritu. Gálatas 5.18 lo aclara fehacientemente cuando dice: «Pero si os guía el Espíritu, no estáis sometidos a la ley» (*Biblia del Peregrino*).

La persona legalista tiende a vivir bajo mucha culpabilidad, sobre todo al llegar a estar dolorosamente consciente de cuán a menudo falla. Para lidiar con esa culpa, podría meter la nariz en la vida de otros. Cuando observa su fracaso, puede llegar a ser crítico y juzgarlos. Un espíritu duro y orgulloso puede desarrollarse mientras comienza a considerarse a sí mismo como mejor o más espiritual que otros.

Las iglesias legalistas mantienen a la gente controlada a través de la culpa. Para las pobres personas en esas congregaciones, el evangelio no es buenas nuevas, son malas noticias. Hay poco gozo en la vida ya que Dios parece duro y difícil de complacer. ¡No en balde muchos adolescentes criados en un medio eclesiástico tan estricto y reprimido se apartan de su religión tan pronto como pueden! Para ellos, la libertad parece más fácil de encontrar en un bar que en Cristo.

Además de lo que mencionamos, hay tres razones principales por las que tratar de vivir según la ley no da resultados.

Primero, la ley (que nos muestra nuestro pecado) está supuesta a llevarnos a Cristo, y Cristo es el término de la ley para todos los que creen (Gálatas 3.24; Romanos 10.4).

Una vez que llegamos a Cristo, somos aceptados completamente por Él (Romanos 15.7). Por lo tanto, ya no hay necesidad alguna de mantener una medida imposible de ejecución espiritual para ganarse el favor de Dios. Ya lo hemos hecho, ¡porque somos hijos de Dios! Escucha las refrescantes palabras de Juan: «Mirad cuál amor nos ha dado el Padre, para que seamos llamados hijos de Dios; por esto el mundo no nos conoce, porque no le conoció a Él» (1 Juan 3.1).

Dios nos ama porque en Cristo somos sus muchachos. Nos ama cuando somos malos y nos ama cuando somos buenos. Y ese amor y esa bondad son como un imán que nos lleva de regreso a Dios en arrepentimiento por nuestro pecado (Romanos 2.4).

Una vez que somos vivificados espiritualmente en Cristo, tenemos el poder interno para andar por el Espíritu y no ejecutar los deseos de la carne. La vida cristiana no es tratar de dejar de pecar mediante nuestros propios esfuerzos, se trata de andar por fe en la verdad de Dios en el poder del Espíritu Santo.

Segundo, la ley no tiene poder para dar vida. Decirle a la gente que lo que están haciendo está mal, no les da la habilidad para que dejen de hacerlo. El Espíritu de Dios es la energía en nuestros espíritus que nos da el deseo y el poder para obedecer a Dios, como explicó Pablo en Filipenses 2.12-13:

> *Por tanto, amados míos, como siempre habéis obedecido, no como en mi presencia solamente, sino mucho más ahora en mi ausencia, ocupaos en vuestra salvación con temor y temblor,*

*porque Dios es el que en vosotros produce así el querer como el hacer, por su buena voluntad.*

Por último, ¡la ley puede estimular el deseo de hacer el mal! Trata de decirle a un niño que no puede entrar en cierto cuarto de la casa, e inmediatamente ¿dónde deseará ir?

Cuando joven (Neil), tuve algunos amigos católicos. Su iglesia colocaba una lista de películas prohibidas para los adolescentes. ¡Esa, rápidamente, se convertía en la lista de las películas más calientes para los adolescentes! Es más, mis amigos arrancaban la lista de la pared de la iglesia y la daban a conocer a todo el estudiantado de la secundaria.

El problema no radica en las leyes de Dios. Ellas son buenas y santas. El problema es que nuestra carne está tan inclinada a hacer el mal que todo lo que necesita es un poco de dirección y arranca corriendo. Romanos 7.8 golpea el clavo en la cabeza: «Pero el pecado se aprovechó de esto, y valiéndose del propio mandamiento despertó en mí toda clase de malos deseos. Pues mientras no hay ley, el pecado es cosa muerta» (*Dios habla hoy*).

¡No estamos tratando de decirte que los patrones morales de Dios no hacen falta! Por supuesto que necesitamos patrones morales. ¿De qué otra manera podríamos distinguir entre el bien y el mal? Pero la manera en la cual nos relacionamos con Dios es mediante la fe, y sólo la presencia del Espíritu Santo dentro de nosotros puede darnos el poder para hacer la voluntad de Dios.

Así que, si andar por el Espíritu no es una licencia y no es legalismo, ¿qué es? Es libertad: «Ese Señor es el Espíritu, y donde está el Espíritu del Señor hay libertad» (2 Corintios 3.17, *Biblia del Peregrino*).

*Caminar* en el Espíritu significa que no nos sentamos a esperar que Dios haga todo por nosotros. Necesitamos salir en fe, creyendo que Él nos dará el poder *a medida* que avanzamos. Pero *caminar* por el Espíritu también significa que no andamos corriendo de un lado para el otro en interminable actividad tratando de hacer que ocurra la vida cristiana mediante nuestros esfuerzos.

Piensa acerca de esto: ¿Cuánto trabajo se realizaría por el reino de Dios si esperáramos que Dios lo hiciera todo? ¡Nada! ¿Cuánto trabajo se realizaría si tratáramos de hacerlo todo por nosotros mismos? ¡Nada! Tenemos el privilegio de plantar las semillas y regarlas, pero Dios es el que ocasiona el crecimiento (1 Corintios 3.7-8).

## El yugo está sobre ti

Quizás no haya otro pasaje en la Biblia que sea más relevante para el actual, agitado y preocupado mundo que la invitación de Jesús en Mateo 11.28-30. Si la vida cristiana te parece una carga, si estás agotado, cansado, fatigado, o totalmente tenso, entonces oye a Jesús y suspira aliviado:

*Venid a mí todos los que estáis trabajados y cargados, y yo os haré descansar. Llevad mi yugo sobre vosotros, y aprended de mí, que soy manso y humilde de corazón; y hallaréis descanso para vuestras almas; porque mi yugo es fácil, y ligera mi carga.*

Jesús usaba una ilustración de la vida diaria en el primer siglo. Cuando un buey joven era amaestrado y entrenado, era enyugado a un buey líder. Éste buey líder sabía las cosas. Sabía que la mejor manera de terminar el trabajo del día no era sentarse ni tampoco correr. El buey líder sabía que realizarían la labor si caminaban por la fila estrecha, sin mirar a la derecha ni a la izquierda. Y si los bueyes habrían de terminar el trabajo de manera efectiva, tendrían que hacerlo juntos.

Sin embargo, el joven buey, frecuentemente se impacientaba con el paso firme y lento y querría correr. ¿Qué crees que conseguía? ¡Un cuello adolorido!

A veces el joven buey se cansaba o se acaloraba y se sentaba rehusando moverse. ¿Qué crees que lograba entonces? Lo adivinaste, un cuello adolorido.

El buey líder seguiría caminando, porque la vida continúa querrámoslo o no. Puedes contar con Jesús, como ese sabio buey líder, para que te dirija a paso seguro por el centro del sendero angosto de la voluntad de Dios. Y sostendrá el paso para que no llegues a agotarte ni te rindas.

El segundo perro de mi familia (Neil), Buster, fue un desastre. ¡Llegó a convertirse en un verdadero P-E-R-R-O! Es el animal más neurótico que jamás he visto. Mi hijo, Karl, se matriculó con Buster para doce lecciones de obediencia canina. Pero luego de dos semanas, ¡Karl era el que estaba siendo entrenado minuciosamente por el perro!

Traté de ponerle una cadena alrededor del cuello a Buster y sacarlo a caminar. Quería que ese perro supiera una cosa: ¡que yo era el amo, e iba a decidir a dónde iríamos y cuán rápido llegaríamos! Sin embargo, Buster deseaba correr. Retozaba al extremo de la correa y tosía, y se ahogaba durante toda nuestra «caminata». Buster también quería detenerse en cada árbol, hidrante, arbusto o yerba en el camino. Pero yo quería seguir caminando. Tenía que arrastrar literalmente al perro mientras tosía.

A veces trataba de salir del camino y terminaba amarrando su correa a un árbol. El resultado era como una corrida salvaje en un parque de diversiones, pero seguía caminando.

¿Acaso ese tonto perro aprendió en algún momento a caminar obedientemente a mi lado? No, jamás lo hizo. Y todos los dolores sólo le ocasionaron, como podrás imaginarte, ¡un cuello adolorido! Desafortunadamente, muchos cristianos son igual de tercos, voluntariosos, ¡y de dura cerviz!

Jesús dijo que hallaríamos descanso si tomábamos su yugo sobre nosotros. ¿Cómo puede un yugo ser cómodo? Lo es si la otra parte del equipo es un buen líder. Y sólo puedes ponerte el liviano y fácil yugo de Jesús luego de haberte deshecho de cualquier otro que tengas puesto.

¿Cuáles son algunos yugos comunes? Tratar de estar de buenas con el grupo de la escuela. Tratar de estar a la última moda. Tratar de ser perfecto en todo lo que hagas. Tratar de complacer a Dios mediante la actividad religiosa. Tratar de superarte en algo para que alguien finalmente te preste atención y te acepte.

¿Acaso no es tiempo ya de dejar de dirigir la programación? ¿Acaso no es tiempo ya de aprender de parte de Jesús que nuestro andar a través de la vida es por fe y no por vista? ¿Acaso no es tiempo ya de comenzar a vivir según la verdad de que ya eres amado y aceptado por Dios mediante la gracia y no por las obras?

¿Acaso no sería fantástico encontrar la otra mitad de tu alma? Entonces elimina cualquier yugo de esclavitud que te esté arrastrando y fatigando. Deja que Jesús dirija. Él es amable y humilde de corazón.

No sólo hemos de andar por el Espíritu, sino que también hemos de ser dirigidos por el Espíritu. Ser dirigido significa que no vamos ni a ser guiados (legalismo) ni seducidos (licencia).

Hay muchos cristianos «guiados» que saben poco acerca de descansar en el Espíritu. Motivados por la culpa o el temor, no pueden decir que no. Gastan mucha energía, pero producen poco fruto. Están ocupados pero realmente no producen para el reino de Dios.

Otros creyentes son extraviados por espíritus engañosos. Tratan de tomar un atajo, porque son vagos e indisciplinados y no quieren invertir tiempo para estudiar lo que Dios dice. Terminan escuchando a espíritus guías que los tientan con promesas de conocimiento y poder secreto o especial.

Hemos de ser dirigidos por el Espíritu de Dios, y Él es el Espíritu de verdad que nos guiará a la verdad mientras aprendemos a escuchar su voz.

## Hablemos de animales

Al crecer en una finca (Neil), tuve el privilegio de criar ovejas especiales. ¡Puedo decirte por experiencia que las ovejas no son los animales más inteligentes de la finca! Por ejemplo, puedes dejar que los puercos y el ganado coman todo lo que quieran porque tienen la precaución de parar cuando están llenos. ¡Las ovejas no! Si las dejas sueltas en un pasto verde, comerán hasta morir.

Una cosa es cierta: ¡Las ovejas sin pastor están en tremendo problema!

En el mundo occidental, dirigimos a nuestras ovejas desde atrás, parecido a lo que hacen los australianos con sus perros pastores. Sin embargo, ese no es el caso en Israel. En mis viajes a Tierra Santa, me percaté de que las manadas de ovejas usualmente eran pequeñas, y un pastor las cuidaba.

El pastor se sentaba con paciencia mientras la manada pastaba. Parecía conocer cada oveja personalmente y sentir un verdadero amor por ellas. Cuando pastaban bastante en una área, les decía algo y se marchaba. Para sorpresa mía, todas las ovejas lo miraban y lo seguían.

Qué hermosa representación de lo que el Señor Jesús dijo en Juan 10.27: «Mis ovejas oyen mi voz, y yo las conozco, y me siguen».

Caminar por el Espíritu no es ni licencia ni legalismo. Es libertad, y es escuchar la voz del Pastor. No es sentarse de manera pasiva por ahí sin hacer nada ni tampoco es andar corriendo tratando de hacerlo todo. Es andar por la fe: «Pues procedemos por fe, no por visión» (2 Corintios 5.7, *Biblia del Peregrino*).

Andar por el Espíritu significa no ser empujado por, ni apartado del sendero de la fe. Significa ser dirigido, «Porque todos los que son guiados por el Espíritu de Dios, éstos son hijos de Dios» (Romanos 8.14).

Caminar en el Espíritu es andar con Dios. Es reconocer que Jesús es la vid y tú la rama. Es elegir depender de esa vid para todo lo que necesites, dándote cuenta de que aparte de Cristo no puedes hacer nada (Juan 15.5). Sin embargo, es darte cuenta de que puedes hacerlo todo mediante Cristo que te fortalece (Filipenses 4.13).

¿Podrías unirte a nosotros mientras oramos por la libertad

que viene de mantener el paso con Dios, tomados de la mano con su Espíritu?

*Querido Padre celestial, eres la fortaleza de mi vida. Perdóname por tratar de vivir por mi propia fuerza y mis recursos. No sólo necesito tu poder, sino que necesito también tu sabia dirección. Acepto los momentos en los que me pones en un «patrón de espera» en mi vida. Reconozco que siempre obras para tu gloria y mi bien. Enséñame a escuchar y confiar en tu voz. Ahora mismo elijo deshacerme de cada yugo que me sea una carga. Acepto gustosamente el yugo de Jesús. Rechazo la licencia y el legalismo. Quiero andar en la verdadera libertad. Gracias, Jesús, porque has prometido que hallaré descanso para mi alma mientras camino contigo.*
*Me comprometo a aprender de ti mediante tu Palabra, para ser guiado por tu Espíritu. Rechazo la influencia de cualquier espíritu engañoso que procure desviarme. Rechazo cualquier dependencia de mi entendimiento.*
*Señor, necesito tu sabiduría, y más que nada, te necesito a ti. Por favor, lléname con tu Santo Espíritu para poder seguir a Jesús, el Buen Pastor. Gracias por la seguridad que viene de caminar contigo. Amén.*

Capítulo 14

# La oración: nuestro salvavidas y línea directa al Padre

El presidente John F. Kennedy era un hombre ocupado. Esa era la naturaleza de su trabajo. Al igual que muchos presidentes se pasaba incontables horas en reuniones, viajando, y hablando por teléfono. Pero el presidente Kennedy también era un hombre de familia.

Su hijo, John-John (ahora John F. Kennedy) era un joven durante esos años en la Casa Blanca. En cualquier momento, de día o de noche, John-John tenía acceso total a su papá. Aun si el presidente Kennedy se encontraba en una reunión importante, su hijo le pasaba corriendo a todos los guardias de seguridad, irrumpía en la Sala Oval [presidencial], y se montaba en la falda de su papito.

Los derechos y privilegios que John-John disfrutaba con el

hombre más poderoso de los EE.UU. le fueron concedidos porque era hijo del presidente. Nadie podía impedir que ese niñito pasara tiempo con su papito, excepto John-John mismo. La puerta siempre estaba completamente abierta para él para que hablara con su padre, pero John-John tenía que decidir si quería pasar por la puerta o no. ¡Y lo hacía!

En lo que se refiere a la oración, escuchar y hablar con nuestro Padre celestial, todos concordaríamos conque es algo crucial para un andar íntimo con Dios. Después de todo, ¿cómo podemos conocer la voluntad de Dios sin conocerlo a Él? Y, ¿cómo podemos llegar a conocer al Padre si no invertimos tiempo con Él? Empero tal vez no hay una área mayor de frustración para el joven cristiano promedio que esta de la oración. La mayoría de nosotros tenemos grandes intenciones, pero después de sólo unos minutos de balbucear nuestras peticiones de oración, frecuentemente no tenemos nada más que decir.

¿Cómo podemos desarrollar la clase de cercanía a nuestro Padre celestial que nos lleve a pasar tiempo con Él? ¿Acaso es posible para un adolescente estar tan cerca de Dios que las siguientes palabras del salmista también se hagan eco en su corazón: «Como el ciervo brama por las corrientes de las aguas, así clama por ti, oh Dios, el alma mía. Mi alma tiene sed de Dios, del Dios vivo; ¿cuándo vendré, y me presentaré delante de Dios?» (Salmo 42.1-2).

Es más que posible. ¡Es la voluntad de Dios! En efecto, Proverbios 15.8 nos dice que: «El sacrificio de los impíos es abominación a Jehová; mas la oración de los rectos es su gozo» (*Biblia del Peregrino*). Increíble, ¿verdad? ¡Dios se emociona cuando pasamos tiempo con Él! ¡Hablar con sus hijos le causa gozo en su corazón! ¿Por qué? Porque nos ama y somos su orgullo y gozo, «la niña de su ojo» (Zacarías 2.8).

Quizás para ti las palabras *padre* y *papi* no te conmuevan. Por lo tanto, es difícil que te emociones en cuanto a «saltar en el regazo de tu Padre celestial».

Es fácil caer en la trampa de creer que nuestro Padre en el

cielo es como el nuestro en la tierra. Ese no es el caso. Ningún papá en la tierra es perfecto, pero nuestro Padre celestial sí lo es. Es el Padre que siempre has deseado y necesitado.

Para experimentar la libertad y la cercanía en tu vida de oración, tendrás que renunciar (rechazar verbalmente) cualquier mentira que hayas creído acerca de tu Padre en el cielo. Y entonces necesitas elegir creer la verdad acerca de Él. Una vez que hagas eso, encontrarás derrumbada esa «muralla espiritual» entre tú y Dios.

El siguiente ejercicio está diseñado para ayudarte a hacer justamente eso. Es importante que lo leas en *voz alta*. Avanza por la lista, comenzando con la primera declaración en la izquierda: *Renuncio a la mentira de que mi Padre celestial es distante y desinteresado*. Luego lee la correspondiente declaración a la derecha: *Acepto gozosamente la verdad de que mi Padre celestial está cercano e involucrado en mis asuntos*. Y continúa con el resto de la lista.

## La verdad acerca de mi Padre celestial

| *Renuncio a la mentira de que mi Padre celestial:* | *Gozosamente acepto la verdad de que mi Padre celestial:* |
|---|---|
| 1. Es distante y desinteresado. | 1. Está cercano e involucrado en mis asuntos. |
| 2. Es insensible y despreocupado. | 2. Es bondadoso y compasivo. |
| 3. Es duro, exigente o perfeccionista. | 3. Es aceptable y está lleno de amor gozoso. |
| 4. Es pasivo y frío. | 4. Es afectuoso y cálido. |

| | |
|---|---|
| 5. Está ausente o demasiado ocupado para mí. | 5. Siempre está conmigo y ansioso por pasar tiempo conmigo. |
| 6. Está insatisfecho con lo que hago; impaciente o enojado. | 6. Es paciente, lento para la ira, y complacido conmigo en Cristo. |
| 7. Es malvado, cruel o abusivo. | 7. Es amoroso, gentil, y me protege. |
| 8. Trata de que todo en la vida sea aburrido. | 8. Es digno de confianza, y desea darme plenitud de vida. Su voluntad es buena, perfecta, y aceptable para mí. |
| 9. Es controlador o manipulador. | 9. Está lleno de gracia y misericordia, dándome la libertad de fracasar. |
| 10. Es condenador o inmisericorde. | 10. Es perdonador, de corazón cariñoso, el cuál siempre está, al igual que sus brazos, receptivo a mí. |

**¡Soy la niña de su ojo!**

## Cómo orar en el Espíritu

Alcancé (Neil) un punto decisivo en mi vida cuando tuve que preparar una serie de lecciones acerca de la oración. La última fue «Cómo orar en el Espíritu». La noche antes de ofrecer ese mensaje final, me percaté con dolor de un problema: ¡no tenía idea alguna en cuanto a cómo orar en el Espíritu!

Sólo horas antes del comienzo del «show» le derramé mi corazón a Dios. El «tanque» espiritual estaba vacío, y así era exactamente como me quería. En algún momento antes de la medianoche el Señor comenzó a dirigir mis pensamientos a través de la Biblia. Fue una de las noches más importantes de mi vida.

Al principio fui a Efesios 5.18-20. Presumí, *que si voy a orar en el Espíritu, debo estar lleno del Espíritu.* El pasaje en Efesios me abrió los ojos:

> *No os embriaguéis con vino, que engendra lujuria, antes llenaos de Espíritu. Entre vosotros entonad salmos, himnos y cantos inspirados, cantando y tañendo de corazón en honor del Señor, dando gracias siempre y por todo a Dios Padre, en el nombre del Señor nuestro Jesucristo (*Biblia del Peregrino*).*

Entonces pasé a un pasaje parecido en Colosenses 3.15-17:

> *Actúe de árbitro en vuestra mente la paz de Cristo, a la que habéis sido llamados para formar en cuerpo. Sed agradecidos. La palabra de Cristo habite entre vosotros en toda su riqueza; con toda destreza enseñaos mutuamente. Con corazón agradecido cantad a Dios salmos, himnos y cantos inspirados. Todo lo que hagáis, de palabra o de obra, hacedlo invocando al Señor Jesús, dando gracias a Dios Padre por medio de Él (*Biblia del Peregrino*).*

Me di cuenta de que estar lleno con el Espíritu y dejar que la Palabra de Cristo more abundantemente dentro de mí estaban íntimamente ligados con el agradecimiento. Así que avancé a Colosenses 4.2: «Perseverad en la oración, velando en ella y dando gracias» (*Biblia del Peregrino*).

Ahora, ¡no sé qué otra cosa podría ser un consejo útil acerca de la oración! ¿Quieres que tu mente no vague durante tus oraciones? ¡Da gracias!

Continué leyendo 1 Tesalonicenses 5.16-18: «Estad siempre alegres, orar sin cesar, dad gracias por todo. Eso es lo que quiere Dios de vosotros como cristianos» (*Biblia del Peregrino*). ¿Quieres conocer la voluntad de Dios en oración? De acuerdo con este pasaje y los dos que le precedieron, la instrucción es clara: Mantén un corazón regocijado. ¡Los dos pasajes citados anteriormente en Efesios 5 y Colosenses 3 también hablan de eso! Deja que salgan cantos de alabanza de corazón y de tus labios para Dios. ¡Y agradece!

Intenta esto como experimento y observa si has de pasarla bien o no hablando con tu Padre: invierte tiempo con calma dándole gracias a Dios por todo lo que se te ocurra. Comienza con cosas que generalmente das por sentadas como el aire para respirar, los vestidos que te mantienen caliente, la comida y el agua, etc. Nada es demasiado trivial como para no darle las gracias a Él. Puedes decirle «gracias» a Dios por los árboles, la yerba, los pájaros, las flores, las nubes, la lluvia, el viento, la nieve, y así por el estilo. Sea lo que sea, ¡puedes agradecer por ello! ¿Por qué? Porque es la voluntad de Dios que nosotros le agradezcamos *por todo.*

Cantarle alabanzas a Dios y darle gracias de corazón son dos maneras absolutamente seguras de añadirle sazón a tu vida de oración. Es posible que el ingrediente más importante en tu vida de oración sea una *actitud de gratitud.* Hebreos 13.15 lo dice de esta manera: «Por medio de Él *ofrezcamos* continuamente *a Dios un sacrificio de alabanza,* es decir, *el fruto de unos labios* que confiesan su nombre» (*Biblia del Peregrino*).

Pero no sólo debemos agradecerle por las *cosas;* sino también por las *personas.* Así que cuando comiences a orar por otros, hazlo dando gracias. Así es como el apóstol Pablo oró, como lo muestran los siguientes versículos:

- No ceso de dar gracias por vosotros, recordándoos en mis oraciones (Efesios 1.16, *Biblia del Peregrino*).
- Siempre que oramos por vosotros damos gracias al Dios Padre del Señor nuestro Jesucristo (Colosenses 1.3, *Biblia del Peregrino*).
- Lo primero de todo, recomiendo que se ofrezcan súplicas, peticiones, intercesiones y acciones de gracias por todas las personas (1 Timoteo 2.1, *Biblia del Peregrino*).

También hay otros ejemplos de Pablo orando de manera agradecida. Pero, ¿por qué agradecer en la oración es tan importante cuando uno ora por la gente? Porque nuestros corazones deben estar en lo correcto antes que nuestras *oraciones* sean correctas. Y cuando finalmente puedas dar las gracias de manera sincera por alguien, ¡entonces estás listo para orar por él o ella!

Esa misma noche, me volví a Romanos 8.26-27:

*Y de igual manera el Espíritu nos ayuda en nuestra debilidad; pues qué hemos de pedir como conviene, no lo sabemos, pero el Espíritu mismo intercede por nosotros con gemidos indecibles. Mas el que escudriña los corazones sabe cuál es la intención del Espíritu, porque conforme a la voluntad de Dios intercede por los santos.*

Podría sorprenderte o aliviarte saber que ninguno de nosotros realmente sabe qué orar. ¡Pero el Espíritu de Dios sí! ¿Cómo nos ayuda el Espíritu Santo a orar? No estaba seguro, pero intenté algo esa noche. Dije: «Muy bien, Señor, estoy apartando mi lista de oración, y voy a creer que lo que me venga a la mente durante este tiempo de oración proviene de ti o tú lo has permitido. Voy a dejar que me dirijas».

Y eso fue lo que hice. Oré en cuanto a lo que se me ocurrió esa noche. Si tenía un pensamiento tentador, le hablaba a Dios acerca de esa área débil de mi vida. Si todas las cosas que tenía que hacer me venían a la mente, discutía mis planes con Dios.

No me malinterpreten. No permitía pasivamente que los pensamientos me controlaran. Sólo llevaba de manera activa cada pensamiento cautivo a la obediencia de Cristo (2 Corintios 10.5). ¡Ten cuidado! Si te aflojas en tu manera de pensar, fácilmente puedes terminar prestándole atención a un espíritu engañador (1 Timoteo 4.1).

Si mi mente entretenía un pensamiento mentiroso o malvado, no lo ignoraba. Se lo presentaba al Señor. Usualmente ese pensamiento identifica un área de debilidad o pecado por confesar que debemos abandonar para andar de veras con Dios. Éste algunas veces nos permite que el diablo nos sacuda un poco mentalmente hasta que finalmente presentemos nuestras luchas ante el Único que puede ocuparse de ellas.

Creo que por eso es que la Escritura enseña en varios lugares, incluyendo Hebreos 4.7: «Señala otro día, un *hoy*, pronunciando mucho después por medio de David el texto antes citado: *Si hoy escucháis su voz, no endurezcáis el corazón*» (*Biblia del Peregrino*).

Hay básicamente sólo dos respuestas a la Palabra de Dios y la dirección del Espíritu de Dios, o *endureces* o le *abres* tu corazón.

En mi vida personal de oración, había estado tratando de empujar los pensamientos malos, pero con poco éxito. Pero cuando los traje a la luz y me sinceré con Dios, ¡fue sorprendente cuánta libertad hallé!

Todos los asuntos que trataba de obviar durante la oración fueron exactamente los que Dios quería que me ocupara. Una vez que comienzas a ser receptivo, sincero y auténtico con Dios, descubrirás cuán real y personal es Él. Por eso es que las Escrituras nos prometen: «Acercaos a Dios, y se acercará a vosotros. Lavaos las manos, los pecadores, y purificad las conciencias, los indecisos» (Santiago 4.8, *Biblia del Peregrino*).

Lamentablemente, demasiados cristianos jamás experimentan esa clase de cercanía a su Padre celestial. Muchos están «demasiado ocupados» como para orar. Otros están tan ocupados tratando de «actuar espiritualmente» con Dios que jamás son realistas. Vamos, Dios ya sabe lo que está sucediendo en tu vida, y aun así te ama de la misma manera. ¿Acaso ya no es tiempo de abandonar el acto «espiritual» y ser tú mismo con Él?

## Eso llamado comunión

La comunión con Dios implica una relación viva, amorosa y sincera con Él. Dios no espera que seamos perfectos, sólo que seamos sinceros. Juan denomina esto como andar en la luz, así como Él mismo está en la luz (1 Juan 1.7).

¿Cómo es posible ser receptivo a Dios? Somos sus hijos. No tenemos que pretender con Dios esperando que nos acepte. Como hijos suyos, ¡ya hemos sido completamente aceptados en Cristo!

Sin embargo, podrías sentirte incómodo en su presencia. Eso se comprende si no estás dispuesto a dejar que Dios sea Dios en tu vida. Él es un Padre que te ama demasiado como para dejar que arruines tu vida en rebelión y desobediencia. Y ciertamente no va a interesarse en oír una lista de demandas egoístas disfrazadas de «peticiones de oración».

Recuerda que Dios está de parte tuya. Te ama y ya ha probado ese punto al realizar el sacrificio definitivo por ti: la muerte de su Hijo. No permitas que tu enemigo, Satanás, te engañe y te haga pensar que Dios es tu enemigo. Nada dista más de la verdad, como lo muestra Hebreos 4.15-16:

> *Porque no tenemos un Sumo Sacerdote que no pueda compadecerse de nuestras debilidades, sino uno que fue tentado en todo según nuestra semejanza, pero sin pecado. Acerquémonos, pues, confiadamente al trono de la gracia, para alcanzar misericordia y hallar gracia para el oportuno socorro.*

Cuando era niño (Rich), quería todos los animales que veía en la televisión como mascota. Si veía un programa de Walt Disney acerca de mapaches, quería un mapache. Si veía uno acerca de lobos, quería un lobo. Veía los viejos programas de *Flipper* y quería un delfín. Pero el animal que más deseaba era un caballo. ¡Creía que «Mr. Ed» realmente era muy listo!

No tenía idea de cuánto costaba un caballo. Sólo sabía que era mucho más dinero del que tenía. Así que un día me las ingenié para conseguir un dinero para el caballo.

Cada jueves por la noche mi papá cobraba y llegaba a casa con una cantidad grande de dinero... ¡la que prontamente le entregaba a mamá! En una de esas noches, mientras mis padres estaban en la sala viendo televisión, me escurrí hasta la cartera de mamá. Allí, tal y como lo esperaba, estaba esa paca de billetes de veinte dólares.

«Jamás extrañarán uno de ellos», me dije, y saqué uno.

Para engañar a mis padres, se me ocurrió una brillante idea. Ese fin de semana me fui al bosque en donde jugaba, llevándome el billete de veinte y un sobre conmigo. Puse el dinero en el sobre y lo ensucié un poco, para que pareciera como si hubiese estado allí por algún tiempo. Entonces corrí a casa, irrumpí en la puerta, y anuncié mi descubrimiento.

—¡Mamá, papá, miren, encontré este sobre en el bosque y tiene veinte dólares adentro! —Creí que me merecía un Oscar por la actuación.

—Qué bueno, Rich. ¡Puedes usar ese dinero para tu caballo!

Mi mamá estaba emocionada por mí y estaba siguiéndome la corriente. Las cosas no podían mejorar.

Pero a medida que pasó el día, mi conciencia comenzó a molestarme más y más. Empecé a sentirme realmente culpable por robarles y mentirles a mis padres.

En la noche tuve práctica en la liga infantil de béisbol. Luego de terminada la práctica, comencé a caminar hacia mi papá, que estaba sentado en una pequeña colina mirándome jugar y esperando que terminara. Mientras más me le acercaba, peor me sentía. Para cuando llegué a él, estaba llorando.

—No encontré el dinero en el bosque. ¡Me lo robé! —sollocé.

—Hijo, tu mamá y yo sabíamos que te habías robado el dinero —me aseguró mientras me abrazaba.

¡No podía creerlo! ¿El crimen del siglo se había solucionado aun antes de mi confesión? Eso me hizo sentir aún peor y mi llanto subió al tercer cambio.

—¿Lo sabías? —pregunté incrédulamente.

—Sí, hijo, lo sabíamos. Simplemente estábamos esperando que vinieras a decírnoslo.

Bueno, ahí se formó la cosa. Ahora sí que salí acelerado del departamento de las lágrimas mientras se iba todo el miedo y la culpa. Sentía haber reconocido lo que había hecho, y aún así me amaban.

Años después, al pensar en ese incidente, recuerdo las palabras del apóstol Juan cuando escribió:

> *Este es el mensaje que hemos oído de Él, y os anunciamos: Dios es luz, y no hay ningunas tinieblas en Él. Si decimos que tenemos comunión con Él, y andamos en tinieblas, mentimos, y no practicamos la verdad; pero si andamos en luz, como Él está en luz, tenemos comunión unos con otros, y la sangre de Jesucristo su Hijo nos limpia de todo pecado. Si decimos que no tenemos pecado, nos engañamos a nosotros mismos, y la verdad no está en nosotros. Si confesamos nuestros pecados, Él es fiel y justo para perdonar nuestros pecados, y limpiarnos de toda maldad. (1 Juan 1.5-9)*

Jesús contó una parábola (un relato didáctico) para dejarnos saber cómo el Padre se siente en cuanto a nosotros cuando pecamos y cómo reacciona cuando reconocemos lo que hemos hecho. Se encuentra en Lucas 15, y recomendamos que la leas.

El relato es acerca de dos hermanos. El mayor era leal a su papá, trabajaba arduamente, y no causaba verdaderos problemas. El joven era diferente. Estaba cansado de la «vida en la finca», así que decidió actuar.

Un día fue a su papá y le pidió el dinero de la herencia para gustar de la vida en la gran ciudad. Su papá se lo dio, el joven salió disparado para encontrar fama y fortuna.

El muchacho la pasó «bien». Gastó su dinero en todas las cosas con las que había soñado hacer, bebida, mujeres, de todo un poco. Pero entonces se le acabó el dinero, y las cosas se pusieron difíciles. Para empeorar las cosas, había hambre en la tierra y el promedio de desempleo estaba alto.

Para cuadrar las cosas, el joven consiguió un trabajo alimentando puercos, lo que era lo más que podía bajar un muchacho judío en aquellos días. Hoy, eso se compararía con la limpieza de inodoros en una estación ferroviaria en medio de la ciudad de Nueva York y en pleno verano.

Finalmente, Jesús dijo, el joven «despertó». Miró las vainas con semillas que los puercos comían, deseando comérselas también, y de pronto se dio cuenta: ¡Los empleados de su papá estaban mejor que él, y él era su hijo! En ese momento decidió regresar a casa.

Camino a casa ensayó el discurso que le ofrecería a su papá. Era algo así como: «Papá, realmente he cometido un error, pecando contra ti y contra Dios. Ya ni siquiera merezco ser llamado hijo tuyo. Voy a trabajar felizmente como tu empleado».

Sin embargo, aunque el muchacho estaba muy lejos, su papá lo detectó. Saltó de su silla, salió por la puerta, y se fue corriendo por la entrada para saludarlo. Antes que el joven pudiera decir una sola palabra, el papá lo había abrazado y besado.

El muchacho trató de dar su discurso, pero su papá no lo escuchaba. Les dijo a sus siervos que le pusieran el mejor vestido a su hijo, así como un anillo en su dedo y sandalias en sus pies.

Entonces hicieron la mejor fiesta de todas, porque eran palabras de su papá: «Este hijo mío estaba muerto y ha revivido, se había perdido y ha sido encontrado. Y empezaron la fiesta» (Lucas 15.24, *Biblia del Peregrino*).

¿Lo captaste? El papá del joven no estaba parado en la entrada, con los brazos cruzados, golpeando el suelo con sus pies de manera impaciente. No regañó al muchacho, diciendo: «Ya era hora de que regresaras a casa, ¡vago!»

Papá tampoco estaba trabajando en el campo. No se olvidó de su muchacho cuando lo vio venir para luego ignorarlo.

¿Qué estaba haciendo el padre? Estaba esperando, mirando, esperanzado, anhelando el regreso de su hijo.

Así que, ¿por qué Jesús contó esta parábola? Recuerda, era para mostrarnos cómo se siente nuestro Padre celestial en cuanto a nosotros. Era para recordarnos que no importa lo que hayamos hecho o en dónde hayamos estado o cuánto tiempo hemos estado afuera, siempre podemos regresar a casa.

Siempre es bueno que regresemos a casa.

Si tu deseo es desarrollar esa clase de relación cálida, sincera y personal con tu Padre celestial, entonces siéntete en completa libertad de unirte a nosotros mientras oramos.

*Querido Padre celestial, te doy gracias por la increíble oportunidad que tengo de hablarte en cualquier momento del día o la noche, cada día de mi vida. Perdóname por los momentos en los cuales estuve muy ocupado para hablarte. Perdóname por los momentos en los que traté de pretender que era más espiritual de lo que era.*

*Ahora mismo elijo andar en la luz contigo, ser sincero y receptivo en cuanto a cómo me siento y lo que pienso.*

*Crea en mí un corazón que esté lleno de alabanza y agradecimiento para contigo por lo que eres y lo que has hecho. Enséñame cómo orar, porque no sé cómo hacerlo de la manera indicada. Echo a un lado mis ideas y elijo dejar que me instruyas mediante tu Palabra y tu Espíritu.*

*Gracias porque siempre puedo regresar a casa contigo y encontrar tus brazos y tu corazón abiertos de par en par. Soy tu hijo y nada jamás podrá cambiar eso. Debido a que sabes qué es lo mejor, te confío toda mi vida a ti. Amén.*

Capítulo 15

# La parábola del auto

Hubo un tiempo, no hace mucho, cuando pocas personas tenían autos. La mayoría de la gente caminaba a donde tuvieran que ir, debido a que caminar era seguro y los peatones se enorgullecían de cuán fuertes eran sus piernas.

Algunos tenían autos, pero como la mayoría de las personas sospechaban de esas «chucherías nuevas», muchos de los conductores mantenían sus autos guardados en los garages para que nadie pensara que eran raros. Los sacaban el domingo, pero los guardaban de nuevo durante el resto de la semana.

Generalmente, no se consideraba cortés hablar de autos. Cuando surgía el tema de los «autos», los que caminaban se sentían nerviosos, y la mayoría de los conductores tenían cuidado de no ofender a nadie que no tuviera uno.

Un día, un adolescente llamado David caminaba hacia la escuela, como siempre. Había estado mirando a los autos pasar y estaba pensando respecto a cuán cansado estaba. De pronto, uno de sus amigos se detuvo y le preguntó si quería que lo llevara. Sus otros amigos, que estaban caminando con él, le advirtieron que no lo hiciera y se burlaron del conductor. Pero David era curioso.

«Muy bien, me montaré contigo, pero sólo esta vez», dijo David para beneficio de sus amigos peatones. Había un hombre de apariencia amistosa sentado en el asiento delantero, así que David abrió la puerta y se subió al asiento trasero.

—¿Quién es él? —le preguntó David a su amigo.

—Oh, es el dueño del auto —replicó su amigo-conductor—. Él va conmigo a dondequiera que vaya. Viene con el auto, o más bien, el auto viene con él. Me está enseñando cómo manejar y me muestra los mejores lugares a dónde ir y cómo llegar allí.

Esto le pareció muy extraño a David, ya que estaba acostumbrado a caminar a dondequiera que él o sus amigos desearan ir. Pero tenía que reconocer, su amigo-conductor ciertamente parecía feliz y mucho menos cansado que él. Así que se recostó y los miró mientras hablaban.

Muchas veces el hombre leía el manual del dueño del auto. David no podía entender mucho, pero su amigo-conductor parecía encontrar la información muy útil para manejar.

Finalmente, David le preguntó a su amigo cómo fue que obtuvo el auto.

—Él me lo dio para que lo usara —dijo el conductor, señalando al hombre en el asiento delantero.

—¿Él te lo *dio*?

—Así es. Y también te dará uno a ti. Con dos condiciones.

—¿Qué condiciones?

—Uno, tienes que dejar que vaya contigo a dondequiera que vayas. De paso, eso no es muy difícil. Una vez que lo conozcas, no vas a querer ir a ninguna parte o hacer nada sin él.

—Muy bien, eso me parece bien. ¿Cuál es la otra condición?, —preguntó David emocionado.

—Tienes que estar dispuesto a convertirte en un *conductor* en lugar de *peatón*.

—Pero todos mis amigos son peatones.

—Sí, eso es cierto, David. Pero todos tus amigos también están cansados.

David pensó acerca del negocio y finalmente accedió. Su amigo inmediatamente manejó al lote de autos nuevos y David vio el auto que quería. Cuando abrió la puerta y se subió al asiento del conductor, parecía como si lo hubieran hecho justamente para él. Y para sorpresa suya, ese bondadoso hombre estaba sentado a su lado sonriendo.

Así que partieron. Manejar parecía fácil. El hombre le mostró cómo virar. Le enseñó acerca de las señales de tránsito y por qué debían ser obedecidas. Le advirtió acerca de los peligros y lo llevó a ver hermosos lugares.

Un día el hombre le dijo que manejara a la escuela.

—¿Manejar a la escuela? ¿Estás loco? —preguntó David asombrado—. ¡Todos mis amigos van a pensar que estoy loco!

—¿Creíste que tu amigo-conductor estaba loco?, preguntó pausadamente el hombre.

—Sí. Es decir, bueno, un poco. Bueno, por lo menos al principio. Pero no entiendes. Mis amigos todavía no pueden manejar esto. Es demasiado nuevo. No, hoy no sería un buen momento para esto. Mañana será mejor. Sí, mañana manejaré a la escuela, ¿muy bien?

El hombre se quedó callado mientras David salió por el camino hacia las hermosas montañas que habían visto ayer. A medida que manejaban pasaron por unos edificios de apariencia extraña en donde los conductores parecían ponerle cierta clase de líquido a sus autos. El hombre siguió animando gentilmente a David para que se detuviera y entrara.

—¡Hoy no, señor! No tengo tiempo para eso. Tenemos que llegar a las montañas y regresar antes de que oscurezca. Quizás mañana.

El hombre se quedó callado de nuevo.

David encendió el radio para no sentirse solo. Había muchas estaciones para escoger. Algunas estaciones tenían conferencistas interesantes ofreciendo sugerencias del manual del dueño para manejar. También había canciones acerca de la importancia de detenerse en las estaciones de servicio.

«Hum. Propagandas estúpidas», murmuró David mientras cambiaba la estación.

Finalmente encontró música que le gustaba. Algunas de las canciones hablaban acerca de las grandes cosas que podían hacer los peatones. Otras canciones le advertían que no escuchara a nadie más sino a sí mismo. Comenzó a pensar acerca de todo lo que se estaba perdiendo, ahora que era un conductor.

Luego de manejar por varias horas, el auto comenzó a actuar de manera extraña. Ya estaban muy adentro en las montañas, con muy pocos autos a su alrededor. A medida que el auto se detenía, David le preguntó al hombre qué era lo que andaba mal. Él parecía estar dormido. David estaba enojado con el auto y con el hombre.

Se salió, cerró la puerta, y miró el motor como había visto a otros hacer, pero no tenía idea alguna en cuanto a qué hacer.

«No voy a llegar a ninguna parte de esta manera», se dijo a sí mismo.

—Oye, ¿puedes ayudarme a empujar esta estúpida cosa?, —le gritó al hombre. Pero no obtuvo respuesta alguna.

Así que comenzó a empujar el auto de vuelta a casa. De vez en cuando pasaba a otro conductor que empujaba su auto. Ellos como que se sonreían el uno para con el otro demostrando valor y se apresuraban en el camino. Algunos de los conductores que andaban empujando le dijeron a David que habían estado haciendo esto por años. Se veían muy cansados. David se preguntó si siquiera recordaban cómo realmente se manejaba un auto.

De vez en cuando David pasaba una de las estaciones de servicio y las personas amistosas que se encontraban allí le gritaban saludos animándolo a que entrara. Algunos le dijeron que su auto estaba sin gasolina, y ellos podían ayudarlo a llenarle el tanque de nuevo.

Uno de ellos dijo, «todo está escrito en el manual del dueño».

«Lo siento, no puedo hoy. Estoy demasiado ocupado. Quizás mañana». Dijo David mientras continuaba.

Lo más difícil era tener que soportar la risa y los dedos señaladores de los peatones mientras pasaba. David deseó jamás haber llegado a ser conductor. Estaba más cansado que nunca antes. Y ahora estaba oscureciendo, y un poco asustado.

Finalmente, cuando David estaba a punto de agotarse, un compañero conductor se le acercó y se salió de su auto.

—Oye, amigo, realmente te ves cansado. ¿Qué pasa?

—Estoy tratando de llegar a casa —le dijo David.

—Bueno, oye, ¿no te das cuenta de que tu auto tiene un motor adentro? Tiene mucho más poder que tú.

—Sí, lo sé. Al principio era magnífico, pero no puedo arreglármelas para que funcione de nuevo. —David casi lloraba mientras miraba los simpáticos ojos del otro conductor.

—Sé exactamente qué es lo que quieres decir. Empujé mi auto por años antes de darme cuenta de que necesitaba invertir el tiempo para detenerme en una estación de servicio y llenarlo de gasolina.

David no podía creer lo que escuchaba.

—Oh, he sido tan estúpido. El dueño de mi auto seguía diciéndome eso, pero no escuchaba.

—Sí, yo tampoco. Oye, no seas idiota como yo. Déjame ayudarte a empujar a esa estación de servicio allá adelante. Y, de paso, si le dices al dueño lo tonto que has sido y le dices que quieres escuchar de nuevo lo que tenga que decir, creo que podría ayudarnos.

Los dos conductores habían estado tan ocupados hablando que no se percataron de que el auto de David ya iba a mitad de camino hacia la estación de servicio. El dueño se había salido silenciosamente de su asiento y había empezado a empujar por ellos.

—Oye, ¡espera! —gritó David, con lágrimas corriéndoles por su rostro—. No tienes que hacer eso solo. Déjame ayudarte.

David corrió tan rápido como pudo para alcanzar al hombre. Cuando lo alcanzó le faltaba el aire.

—Señor, he estado tan ocupado escuchándome que dejé de escucharte. ¿Podrías perdonarme?

El hombre sonrió.

—Puedes llamarme Jesús, mi hermano. Ahora, ¿podrías dejar de hablar y comenzar a empujar? Tenemos que llegar a tu casa para que te prepares a manejar para ir a la escuela mañana. ¿Muy bien?

—Oh, sí. Dije eso, ¿verdad? —David pareció avergonzado.

—Sí, eso dijiste.

—¿Irás conmigo? —preguntó David esperanzado.

—Fui contigo hoy, ¿verdad?

David asintió.

—David, mi querido amigo, la pregunta nunca es si voy a ir contigo o no. Jamás te dejaré ni te abandonaré. La pregunta es, ¿irás conmigo?

# Apéndice

# Los pasos hacia la libertad en Cristo

La libertad espiritual es para cada cristiano, joven o adulto. Pero ¿qué significa ser «libre en Cristo»? Es tener el deseo y el poder de adorar a Dios y hacer su voluntad. Es conocer la verdad de Dios, creer la verdad de Dios, y vivir de acuerdo con la verdad de Dios. Estar libre en Cristo significa liberarnos de las cadenas de los pecados de nuestro pasado, de los problemas del presente, y de los temores del futuro. Es andar con Dios en el poder del Espíritu Santo y experimentar una vida de amor, gozo, y paz. No es una vida de perfección, ¡sino de progreso! Todas estas cualidades podrían no ser tuyas ahora, pero son para todos los que están en Cristo.

Si has recibido a Cristo como tu Salvador, ya eres libre mediante su victoria sobre el pecado y su muerte en la cruz. Pero si la libertad no es una constante realidad para ti, podría ser porque no entiendes cómo Cristo puede ayudarte a tratar con el dolor de tu pasado o con los problemas de tu vida actual. Es tu responsabilidad, como alguien que conoce a Cristo, hacer lo que haga falta para mantener una relación correcta con Dios. Tu vida eterna no está en juego; estás seguro y a salvo en Cristo. Pero no experimentarás todo lo que Cristo tiene para ti si no entiendes quién eres en Cristo ni vives de acuerdo a esa verdad.

¡Tenemos grandes noticias para ti! Puedes ser joven, pero no eres una víctima indefensa atrapada entre dos superpoderes celestiales casi iguales, pero opuestos: Dios y Satanás. Sólo Dios es todopoderoso, omnipresente, y omnisciente. Sin embargo, algunas veces la presencia y el poder del pecado y el mal en nuestras vidas puede parecernos más real que la presencia y el poder de Dios. Pero esa es parte de la mentira de Satanás. Es un engañador, y desea que pienses que es más fuerte de lo que realmente es. Pero también es un enemigo derrotado, y tú estás en Cristo, el Vencedor. Entender quién es Dios y quién eres en Cristo son dos de los factores más importantes al determinar tu victoria diaria sobre el pecado y Satanás. Las creencias falsas acerca de Dios, no entender quién eres como hijo de Dios, y hacer que Satanás sea tan poderoso como Dios son las principales causas de la derrota espiritual.

La batalla es por tu mente. Podrías experimentar pensamientos desagradables como: «Esto no va a funcionar», o «Dios no me ama». Estos pensamientos son mentiras, implantadas en tu mente por espíritus engañadores. Si las crees, realmente lucharás mientras laboras a través de estos pasos. Estos pensamientos contrarios pueden controlarte sólo si crees en ellos.

Si estás laborando a través de estos pasos por ti mismo, no le prestes atención a cualquier pensamiento mentiroso o amenazador en tu mente. Si lo haces con un amigo de confianza, un pastor de jóvenes, un padre, un consejero (el cual recomendamos encarecidamente), entonces exprésale cualquier pensamiento contrario. Siempre que descubras una mentira y elijas creer la verdad, se quebranta el poder de Satanás.

Como creyentes en Cristo, podemos orar con autoridad para detener cualquier interferencia de Satanás. He aquí una oración y declaración para que empieces. Léelas (y todas las oraciones y declaraciones en estos pasos) en voz alta.

***Querido Padre celestial: Sabemos que siempre estás aquí, en nuestras vidas. Eres el único Dios que lo sabe todo, que lo puede todo, y que siempre está presente. Te necesitamos desesperadamente, porque sin Jesús no podemos hacer nada. Creemos la Biblia porque***

*nos dice lo que verdaderamente es cierto. Rehusamos creer las mentiras de Satanás. Nos sostenemos en la verdad de que toda autoridad en el cielo y en la tierra le ha sido dada al Cristo resucitado. Debido a que estamos en Cristo, tenemos su autoridad para hacer discípulos de Jesús y liberar a los cautivos. Te pedimos que protejas nuestros pensamientos y mentes y nos dirijas a toda verdad. Decidimos someternos al Espíritu Santo. Por favor, revela a nuestras mentes todo lo que quieras que hagamos hoy. Te pedimos tu sabiduría y confiamos en ella. Oramos por tu completa protección sobre nosotros. En el nombre de Jesús. Amén.*

Declaración

En el nombre y en la autoridad del Señor Jesucristo, le ordenamos a Satanás y a todos sus espíritus malignos que abandonen a (nombre) para que (nombre) sea libre, conozca y decida hacer la voluntad de Dios. Como hijos de Dios, sentados con Cristo en los lugares celestiales, acordamos que cada enemigo del Señor Jesucristo sea atado y enmudecido. Le decimos a Satanás y a todos sus malvados obreros que no pueden infligir ningún dolor ni detener de manera alguna que cumpla hoy la voluntad de Dios en la vida de (nombre).

Los siguientes siete pasos pueden liberarte de tu pasado. Cubrirás las áreas en donde Satanás se aventaja de nosotros con mayor frecuencia y en donde se han construido las fortalezas. Cristo compró tu victoria cuando derramó su sangre por ti en la cruz. Experimentarás tu libertad cuando tomes la decisión de creer, confesar, perdonar, renunciar, y abandonar. Nadie puede hacer eso por ti. La batalla por tu mente sólo puede ganarse cuando eliges la verdad de manera personal.

A medida que vas por estos pasos hacia la libertad en Cristo, recuerda que Satanás no puede leer tu mente, así que no obedecerá tus pensamientos. Sólo Dios sabe qué es lo que estás pensando. A medida que pasas por cada paso, es importante que te sometas a Dios internamente y resistas al diablo leyendo cada oración en voz alta, renunciando verbalmente, perdonando verbalmente, confesando verbalmente, etc.

Vas a echarle una mirada minuciosa a tu vida para enderezar las cosas con Dios de forma radical. Podría resultar que tengas otra clase de problema (no cubierto por estos pasos) que esté afectando tu vida de manera negativa. Pero si eres receptivo y sincero durante este tiempo, te beneficiarás mucho al arreglar las cosas con Dios y estar cerca de Él de nuevo.

Que el Señor toque tu vida en gran manera durante este tiempo. Él te dará la fortaleza para que puedas hacerlo. Es esencial que cumplas todos los siete pasos, así que no te dejes desanimar, ni te des por vencido. Recuerda, ¡la libertad que Cristo adquirió para todos los creyentes en la cruz es para ti!

## Paso 1: Lo falso contra lo verdadero

El primer paso hacia la libertad en Cristo es renunciar (rechazar y abandonar todo compromiso pasado, presente y futuro con) cualquier participación en las prácticas ocultistas inspiradas por Satanás, cosas hechas en secreto, y religiones que no sean cristianas. Debes renunciar a cualquier actividad y grupo que niegue a Jesucristo, que ofrezca dirección mediante cualquier fuente que no sea la absoluta autoridad de la Palabra escrita de Dios, o requiera iniciaciones secretas, ceremonias, promesas, o pactos. Comienza con las siguiente oración:

**Querido Padre celestial, te pido que me reveles cualquier cosa que haya hecho o que alguien me haya hecho que esté espiritualmente mal. Revélale a mi mente cualquier participación que haya tenido consciente o inconscientemente en una secta o prácticas ocultistas, y/o falsos maestros. Quiero experimentar tu libertad y sólo hacer tu voluntad. Te pido esto en el nombre de Jesús. Amén.**

Aun si tomaste parte en algo así como un juego o una broma, debes renunciar a ello. Satanás tratará de tomar ventaja de todo lo que pueda en nuestras vidas. Aun si simplemente te paraste a ver a otros hacerlo, debes renunciar a ello. Incluso si sólo lo hiciste una vez y no tenías idea de que fuera malo, comoquiera tienes que renunciar a ello. Debes sentir el deseo de eliminar cualquier posible «atadura» que tenga Satanás en tu vida.

**Lista de religiones y actividades paganas**

(Por favor, marca todo aquello en lo que has participado)

- ❑ Experiencia fuera del cuerpo (viaje astral)
- ❑ Mormonismo (Santos de los Últimos Días)
- ❑ El juego de Ouija
- ❑ Testigos de Jehová
- ❑ María sangrienta
- ❑ Nueva Era
- ❑ Cualquier juego ocultista
- ❑ Medicina de la Nueva Era
- ❑ Masones
- ❑ Bola mágica número ocho
- ❑ Ciencia cristiana
- ❑ Experiencias de levitación
- ❑ Ciencia de la mente
- ❑ Uso de hechizos o maldiciones
- ❑ Ciencia de la inteligencia creativa
- ❑ Intentos de controlar a otros poniéndole cosas en la cabeza
- ❑ El Camino Internacional
- ❑ Escritura automática
- ❑ Iglesia de la Unificación (*moonies*)
- ❑ Guías espirituales
- ❑ Predicción de la suerte
- ❑ El Foro (EST)
- ❑ Cartas del Tarot
- ❑ Iglesia de la Palabra Viviente
- ❑ Lectura de las palmas
- ❑ Astrología/Horóscopos
- ❑ Hijos de Dios (Hijos del amor)
- ❑ Hipnosis
- ❑ Magia blanca o negra
- ❑ Sesiones espiritistas
- ❑ Dungeons & Dragons* (u otros juegos de fantasía)
- ❑ Cienciología
- ❑ Unitarianismo
- ❑ Juegos ocultistas de video o computarizados que contienen poderes ocultos o violencia cruel
- ❑ Roy Masters
- ❑ Control mental Silva
- ❑ Pactos de sangre o cortarte con algún propósito
- ❑ Meditación trascendental (MT)
- ❑ Objetos de adoración/cristales/amuletos de buena suerte
- ❑ Yoga
- ❑ Hare Krishna
- ❑ Espíritus sexuales
- ❑ Bahaísmo
- ❑ Artes marciales (involucran meditación mística oriental o devoción a un sensei)
- ❑ Adoración de espíritus indígenas
- ❑ Ídolos de estrellas del rock, actores/actrices, héroes deportivos, etc.
- ❑ Budismo (incluyendo zen)
- ❑ Rosacruces
- ❑ Islam
- ❑ Hinduismo
- ❑ Musulmanes negros

NOTA: Esta no es una lista completa. Si tienes alguna duda en cuanto a una actividad que no está incluida aquí, renuncia a tu participación en ella. Si se te ha ocurrido aquí, confía en que el Señor quiere que renuncies a ella.

| Películas anticristianas | Música anticristiana |
|---|---|
| ______________________ | ______________________ |
| ______________________ | ______________________ |
| ______________________ | ______________________ |

| Programas de TV anticristianos o juegos de video | Libros, revistas, o caricaturas anticristianas |
|---|---|
| ______________________ | ______________________ |
| ______________________ | ______________________ |
| ______________________ | ______________________ |

1. ¿Has escuchado, visto, o sentido en alguna ocasión un ser espiritual en tu cuarto?
2. ¿Has tenido un amigo imaginario que te habla?
3. ¿Has escuchado en algún momento voces en tu cabeza o pensamientos repetitivos negativos y molestos como: «Soy tonto», «Soy feo», «Nadie me ama», «No puedo hacer nada correctamente», etc. como si hubiera una conversación en tu cabeza? Explica.
4. ¿Has consultado, tú o algún familiar, un médium, un espiritista, o un canalista? De ser afirmativo, ¿quién?
5. ¿Qué otras experiencias espirituales has tenido que podrían considerarse como fuera de lo común (telepatía, hablar en trance, conocer algo sobrenaturalmente, contacto con seres extraterrestres, etc.)?
6. ¿Has participado en algún momento en alguna clase de adoración satánica o asistido a un concierto en el cual Satanás era el centro?
7. ¿Has hecho algún pacto o voto?

Una vez que hayas completado la lista anterior, confiesa y renuncia a cada artículo en el cual estuviste involucrado orando en voz alta la siguiente oración (repite la oración de manera separada para cada artículo en tu lista):

**Señor, te confieso que he participado en __________. Te doy gracias por tu perdón y renuncio a cualquier influencia y participación en ______________.**

Si has participado en algún ritual satánico o actividades ocultistas (o lo sospechas a causa de recuerdos bloqueados, pesadillas severas y repetidas, o esclavitud sexual), necesitas repetir en voz alta las siguientes afirmaciones y renuncias especiales.

A continuación, lee el primer artículo bajo la columna *Dominio de las tinieblas* y luego afirma la primera verdad bajo la columna *Reino de luz*. Continúa con toda la lista de esa manera.

| *Dominio de las tinieblas* | *Reino de luz* |
|---|---|
| 1. Renuncio a entregar mi nombre a Satanás o que le sea entregado por alguien más. | 1. Anuncio que mi nombre está ahora escrito en el Libro de la Vida del Cordero. |
| 2. Renuncio a cualquier ceremonia en la cual me até a Satanás. | 2. Anuncio que soy la Novia de Cristo. |
| 3. Renuncio a cualquiera y a todos los pactos, acuerdos o promesas que le hice a Satanás. | 3. Anuncio que tengo un nuevo pacto con Jesucristo solo. |
| 4. Renuncio a toda actividad satánica en mi vida, incluyendo deberes, matrimonio, y niños. | 4. Anuncio y me comprometo a conocer y hacer sólo la voluntad de Dios, y sólo acepto su dirección. |
| 5. Renuncio a cualquier guía espiritual que se me haya asignado. | 5. Anuncio y acepto sólo la dirección del Espíritu Santo. |
| 6. Renuncio a entregar mi sangre al servicio de Satanás. | 6. Sólo confío en la sangre derramada de mi Señor Jesucristo. |

| | |
|---|---|
| 7. Renuncio a haber comido carne o beber sangre en la adoración satánica. | 7. Por fe sólo como la carne y sólo bebo la sangre del Señor Jesucristo en la Santa Comunión. |
| 8. Renuncio a todos los guardianes y padres satánicos que me fueron asignados. | 8. Anuncio que Dios es mi Padre celestial y que el Espíritu Santo es mi guardián, por quien soy sellado. |
| 9. Renuncio a cualquier bautismo que me identifique con Satanás. | 9. Anuncio que he sido bautizado en Cristo Jesús y mi identidad ahora está en Él. |
| 10. Renuncio a cualquier sacrificio realizado a mi favor mediante el cual Satanás pueda reclamarme como propiedad suya. | 10. Anuncio que sólo el sacrificio de Cristo tiene efecto sobre mí. Le pertenezco. He sido comprado por la sangre del Cordero. |

## Paso 2: El engaño contra la verdad

La Palabra de Dios es verdadera, y necesitamos aceptar la verdad de manera profunda en nuestros corazones (Salmo 51.6). Cuando el Rey David vivió la mentira, realmente sufrió. Al fin, cuando encontró la libertad reconociendo que había pecado, escribió: «Bienaventurado el hombre[...] en cuyo espíritu no hay engaño» (Salmo 32.2). Debemos dejar de mentirnos a nosotros mismos y los unos a los otros y hablar la verdad en amor (Efesios 4.15,25). Las personas jóvenes que son mentalmente saludables pueden enfrentar la verdad, vivir en un mundo verdadero, y no dejar que los controle el miedo. La Escritura nos dice que Dios es el único a quien debemos temer. Esto significa que lo respetamos mucho y que estamos asombrados por su poder, majestad y santidad.

Comienza este importante paso pronunciando la siguiente oración en voz alta. No permitas que pensamientos contrarios como: «Esto no va a funcionar», «Esto es una pérdida de tiempo», o «Quisiera poder creer esto, pero simplemente no puedo» prevengan que ores y elijas la verdad. Creer es una elección. Si decides creer lo que sientes, entonces Satanás, el «padre de las mentiras», te mantendrá en la esclavitud. Debemos elegir creer en lo que Dios dice, independientemente de lo que nos digan nuestros sentimientos. Aunque te resulte difícil, repite la siguiente oración.

***Querido Padre celestial, sé que quieres que enfrente la verdad y que debo ser sincero contigo. Sé que elegir creer en la verdad me libertará. He sido engañado por Satanás, el padre de mentiras, y también me he engañado a mí mismo. Creí que podía esconderme de ti, pero tú lo ves todo y todavía me amas. Oro en el nombre del Señor Jesucristo, pidiéndote que reprendas todos los demonios de Satanás mediante Él, que derramó su sangre y se levantó de entre los muertos por mí. Sólo he confiado en Jesús para que me salve, así que soy hijo tuyo. Por lo tanto, por la autoridad del Señor Jesucristo, ordeno a todos los espíritus malos que abandonen mi presencia. Le pido al Espíritu Santo que me lleve a toda verdad. Padre, te pido que mires profundamente dentro de mí y conozcas mi corazón. Muéstrame si hay algo en mí que estoy tratando de esconder, porque quiero ser libre. En el nombre de Jesús. Amén.***

Ahora toma algún tiempo para que Dios te revele cualquiera de los trucos malvados de Satanás que esté usando contra ti en tu vida. Los maestros falsos y los espíritus mentirosos pueden engañarte, pero tú también puedes hacerlo contigo mismo. Ahora que estás vivo en Cristo y perdonado, no necesitas vivir una mentira o defenderte a ti mismo como acostumbrabas. Ahora Cristo es tu verdad y tu defensa.

**Maneras en las cuales puedes engañarte a ti mismo**

- *Escuchar la Palabra de Dios pero no hacerla (Santiago 1.22; 4.17)*
- *Decir que no tienes pecado (1 Juan 1.8)*
- *Creerme algo que no soy (Gálatas 6.3)*
- *Creerme sabio en las cosas del mundo (1 Corintios 3.18-19)*
- *Creer que no voy a cosechar lo que siembre (Gálatas 6.7)*
- *Creer que las personas impías que llevan vidas llenas de pecado participarán en el reino de Dios (1 Corintios 6.9)*

- *Creer que puedo pasármela con personas malas y que no habrán de influir en mí (1 Corintios 15.33)*
- *Creer que puedo ser un buen cristiano y aun así herir a otros con lo que diga (Santiago 1.22)*

Usa la siguiente oración de confesión para cada uno de los artículos anteriores en los cuales has creído. Ora separadamente por cada artículo.

**Señor, te confieso que me he engañado a mí mismo mediante __________. Te agradezco por tu perdón y me comprometo a creer en tu verdad.**

**Maneras equivocadas de defenderte**

- *Rehusar enfrentar las cosas malas que me han sucedido (negación de la realidad)*
- *Escapar del mundo real soñando despierto, con la TV, las películas, los juegos de video o computarizados, la música, etc. (fantasía)*
- *Apartarte de la gente para evitar el rechazo (la aislamiento emocional)*
- *Volver a un momento menos intimidante de la vida (regresión)*
- *Resolver tu frustración a costa de otros (enojo mal dirigido)*
- *Culpar a otros por tus problemas (proyección)*
- *Excusarse por el comportamiento mediocre (racionalización)*

Usa la siguiente oración de confesión para cada uno de los artículos anteriores en los cuales has creído. Ora separadamente por cada artículo.

**Señor, te confieso que me he defendido incorrectamente mediante ______________. Te doy gracias por tu perdón y me comprometo a confiar en tí para defenderme y protegerme.**

Elegir la verdad podría ser difícil si has vivido esa mentira y has sido engañado por algún tiempo. El cristiano necesita sólo una defensa, Jesús. Saber que estás completamente perdonado y aceptado como hijo de Dios te libera para enfrentar la realidad y declarar tu dependencia total de Él.

La fe es la respuesta bíblica a la verdad, y creer la verdad es una elección que todos podemos hacer. Si dices: «Quiero creer en Dios, pero simplemente no puedo» estás siendo engañado. Por supuesto puedes creer en Dios porque lo que Dios dice siempre es cierto.

La fe es algo que decides hacer, ya sea que lo sientas o no. Sin embargo, creer la verdad no la hace cierta. *Es verdadera; por lo tanto la creemos.*

Aquí, sencillamente, el asunto no es «tener fe». Es lo que crees o en quien crees lo que hace la diferencia. Todos creen en algo, y todos viven de acuerdo a lo que creen. El asunto es: ¿es confiable el objeto de tu fe? Si lo que crees no es cierto, entonces la manera en la cual vives no será correcta.

Lee en voz alta la siguiente Declaración de Verdad, pensando en las palabras mientras las lees. Hazlo todos los días por varias semanas. Esto ayudará a que renueves tu mente y reemplaces cualquier mentira que hayas creído con la verdad.

**Declaración de verdad**

1. *Creo que sólo hay un verdadero Dios vivo (Éxodo 20.2-3) que es Padre, Hijo y Espíritu Santo. Él es digno de todo honor, alabanza y gloria. Creo que hizo todas las cosas y las sostiene (Colosenses 1.16-17).*
2. *Reconozco a Jesucristo como el Mesías, la Palabra que se hizo carne y vivió entre nosotros (Juan 1.1,14). Creo que vino a destruir las obras del diablo (1 Juan 3.8).*
3. *Creo que Dios me mostró su amor por mí al permitir que Jesús muriera por mí, aunque yo era pecador (Romanos 5.8). Creo que Dios me rescató del poder tenebroso de Satanás y me trajo al reino de su Hijo, que me perdona de mis pecados y me libera (Colosenses 1.13-14).*
4. *Creo que soy espiritualmente fuerte porque Jesús es mi fortaleza. Tengo autoridad para resistir a Satanás porque soy hijo de Dios (1 Juan 3.1-3). Creo que fui salvado por la gracia de Dios mediante la fe, que fue un regalo y no el resultado de ninguna obra mía (Efesios 2.8-9).*
5. *Elijo ser fuerte en el Señor y en el poder de su fuerza (Efesios 6.10). No confío en manera alguna en la carne (Filipenses 3.3) porque mis armas para la batalla espiritual no son de la carne sino que son poderosas mediante Dios para derribar las fortalezas de Satanás (2 Corintios 10.4). Me pongo toda la armadura de Dios (Efesios 6.10-20), y me propongo permanecer firme en mi fe y resistir al malo (1 Pedro 5.8-9).*
6. *Creo que aparte de Cristo no puedo hacer nada (Juan 15.5), empero puedo hacer todas las cosas mediante Aquel que me fortalece (Filipenses 4.13). Por lo tanto, elijo depender totalmente de Cristo. Elijo morar en Cristo para llevar mucho fruto y glorificar al Señor (Juan 15.8). Le anuncio a Satanás que Jesús es mi Señor (1 Corintios 12.3), y rechazo cualquier don falsificado o las obras de Satanás en mi vida.*
7. *Creo que la verdad me liberará (Juan 8.32). Resisto las mentiras de*

*Satanás llevando todo pensamiento cautivo en obediencia a Cristo (2 Corintios 10.5). Creo que la Biblia es la única guía confiable para mi vida (2 Timometo 3.15-16). Decido hablar la verdad en amor (Efesios 4.15).*

8. *Decido presentar mi cuerpo como instrumento de justicia, un sacrificio vivo y santo, y renovar mi mente con la Palabra de Dios (Romanos 6.13; 12.1-2). Me quito el viejo hombre con sus prácticas malvadas y me pongo el nuevo hombre (Colosenses 3.9-10). Soy una nueva creación en Cristo (2 Corintios 5.17).*
9. *Le pido a mi Padre celestial que dirija mi vida y me dé poder para vivir mediante el Espíritu Santo (Efesios 5.18), para que pueda guiarme a toda verdad (Juan 16.13). Él me dará fuerza para vivir por encima del pecado y no satisfacer los deseos de mi carne. Crucifico la carne, elijo ser dirigido por el Espíritu Santo y obedecerle (Gálatas 5.16,24).*
10. *Renuncio a todas las metas egoístas y elijo el objetivo mayor del amor (1 Timoteo 1.5). Decido obedecer los dos principales mandamientos de amar al Señor mi Dios con todo mi corazón, alma, y mente, y amar a mi prójimo como a mí mismo (Mateo 22.37-39).*
11. *Creo que Jesús tiene toda la autoridad en el cielo y en la tierra (Mateo 28.18) y que Él lo gobierna todo (Colosenses 2.10). Creo que Satanás y sus demonios han sido derrotados por Cristo y están sujetos a mí ya que soy miembro del Cuerpo de Cristo (Efesios 1.19-20; 2.6). Así que, obedezco el mandamiento a someterme a Dios y a resistir al diablo (Santiago 4.7) y le ordeno a Satanás, por la autoridad del Señor Jesucristo, que abandone mi existencia.*

## Paso 3: El rencor contra el perdón

Cuando no perdonas a los que te hieren, te conviertes en un blanco abierto para Satanás. Dios nos ordena perdonar a otros de la manera en la cual hemos sido perdonados (Efesios 4.32). Necesitas obedecer este mandamiento para que Satanás no se aproveche de ti (2 Corintios 2.11). Los cristianos han de perdonar a otros y mostrarles misericordia porque nuestro Padre celestial nos la ha mostrado. Pídele a Dios que te haga recordar los nombres de aquellas personas que tienes que perdonar repitiendo la siguiente oración en voz alta. (¡Recuerda dejar que esta oración salga de tu corazón así como de tu boca!)

***Querido Padre celestial, te doy gracias por tu gran bondad y paciencia que me ha llevado a apartarme de mis pecados (Romanos 2.4). Sé que no he sido completamente bondadoso, paciente y amoroso hacia los que me han herido. He tenido malos pensamientos y sentimientos hacia ellos. Te pido que me hagas recordar todas las personas que tengo que perdonar (Mateo 18.35). Te pido que saques a la superficie todos mis dolorosos recuerdos para perdonar a estas personas con mi corazón. Oro esto en el precioso nombre de Jesús, quien me ha perdonado y quien me sanará de mis dolores. Amén.***

En una hoja de papel, haz una lista de las personas que recuerdas. En este momento, no te cuestiones si necesitas perdonar a esa persona en particular o no. Si se te ocurre un nombre, escríbelo.

Finalmente, escribe «yo» al final de la lista. Perdonarte a ti mismo significa aceptar la limpieza y el perdón de Dios. Además, escribe «pensamientos contra Dios». Algunas veces albergamos pensamientos iracundos hacia Dios.

Podemos esperar y hasta demandar que actúe de cierta manera en nuestras vidas, y cuando no hace lo que queremos en la forma que queremos, podemos enojarnos. Esos sentimientos pueden llegar a ser una pared entre nosotros y Dios, y aunque en realidad no tenemos que perdonarlo porque es perfecto, sí necesitamos abandonar esos sentimientos.

Antes de empezar a laborar con el proceso de perdonar a las personas en tu lista, detente y considera qué es el verdadero perdón y cuál no es el verdadero perdón.

*El perdón no es olvidar.* Las personas que desean olvidar todo su dolor antes de arreglárselas para perdonar a alguien, usualmente encuentran que no pueden hacerlo. Dios nos ordena perdonar ahora. A veces surge confusión en cuanto a esto porque la Escritura dice que Dios no recordará nuestros pecados (Hebreos 10.17). Pero Dios lo conoce todo y no puede «olvidar» como si no tuviera recuerdo alguno de nuestro pecado. Dios promete que jamás usará el pasado en contra tuya (Salmo 103.10). Y así, es posible que no puedas olvidar tu pasado, pero puedes ser libre del mismo perdonando a otros. Cuando sacamos a relucir al pasado y lo usamos contra otros, mostramos que todavía no los hemos perdonado (Marcos 11.25).

*El perdón es una elección, una decisión de la voluntad.* Como Dios requiere que perdonemos, esto es algo que podemos hacer. El perdón parece difícil porque va en contra de nuestro sentido de lo que es correcto y justo. Nosotros, naturalmente, deseamos venganza por las cosas que hemos sufrido. Pero Dios nos dice que no nos venguemos (Romanos 12.19).

Podrías pensar: «¿Por qué he de dejarlos libre?» Y ese exactamente es el problema. Mientras no perdones, estarás atado a los que te hieren. Todavía estás encadenado a tu pasado. *Al perdonar, los dejas libres, pero no están libres de Dios.* Debemos confiar en que Él se ocupará de la otra persona de manera justa, correcta y misericordiosa, esto es algo que nosotros no podemos hacer.

Tú dices: «Pero no sabes cuánto me ha herido esta persona». Pero hasta que no abandones tu odio y enojo, seguirán hiriéndote. Terminas finalmente con el dolor al perdonarlos. Perdonas por causa de ti, para poder ser libre. *El perdón es primordialmente un asunto de obediencia entre tú y Dios.* Él quiere que seas libre; esta es la única manera.

*Perdonar es decidir vivir con las consecuencias de los pecados de otra persona.* El perdón te cuesta algo. Eliges pagar el precio del mal que perdonas. Pero vivirás con las consecuencias quiéraslo o no. Tu única alternativa es si has de hacerlo en la esclavitud de la amargura o en la libertad del perdón.

Por supuesto, Jesús tomó las consecuencias eternas de todo pecado sobre sí. Dios «Al que no conoció pecado, por nosotros lo hizo pecado, para que nosotros fuésemos hechos justicia de Dios en él» (2 Corintios 5.21). Sin embargo, necesitamos aceptar las consecuencias temporales de lo que se nos hizo. Pero nadie perdona verdaderamente sin sufrir el dolor del pecado de otro. Eso puede parecer injusto y nos preguntamos, ¿en dónde está la justicia? Se encuentra en la cruz, la cual legaliza el perdón y lo hace moralmente correcto. Mientras los que crucificaron a Jesús se burlaban y lo ridiculizaban, Jesús oró, «Padre, perdónalos, porque no saben lo que hacen» (Lucas 23.34).

¿Cómo perdonas de corazón? Permítele a Dios que saque a la superficie la agonía mental, el dolor emocional, y los resentimientos hacia aquellos que te hirieron. Si tu perdón no llega a la médula emocional de tu vida, será incompleto. Con demasiada frecuencia tratamos de enterrar el dolor dentro de nosotros, dificultando llegar a estar al tanto con cómo realmente nos sentimos. Aunque podríamos no saber cómo hacerlo o siquiera desear sacar a relucir nuestros sentimientos, Dios lo hace. Deja que Dios traiga el dolor a la superficie para que pueda ocuparse de él. Aquí es donde comienza el proceso de sanidad.

*El perdón es la decisión de no usar esa ofensa contra ellos.* No es raro que recordemos una vieja herida y sintamos que la ira y el odio han regresado. Es tentador traer a colación el asunto con la persona que nos hirió para hacer que se sienta mal. Pero debemos tomar ese pensamiento de venganza cautivo a la obediencia de Cristo, y decidir mantener el perdón.

Esto no significa que debes continuar soportando los futuros pecados de otros. Dios no tolera al pecado ni tampoco deberías hacerlo tú. Tampoco debes permitir que los pecados de otros continúen hiriéndote y abusando de ti. Necesitas confrontar al pecado mientras continúas perdonando a los que te hieren.

*No esperes perdonar hasta que sientas el deseo de hacerlo.* Jamás lo harás. Tus emociones comenzarán a sanar, una vez que hayas obedecido el mandamiento de Dios para perdonar. Satanás perderá su poder sobre ti en esta área, y el toque sanador de Dios se hará cargo. Por ahora, se ganará la libertad, no necesariamente un sentimiento.

A medida que oras, Dios podría hacerte recordar cosas dolorosas que habías olvidado por completo. Deja que lo haga, aunque duela. Él desea liberarte; perdonar a esas personas es la única manera. No trates de excusar el comportamiento del ofensor, aun si es alguien cercano a ti.

Recuerda, el perdón es ocuparte de tu dolor y dejar que Dios se ocupe de la otra persona. Los buenos sentimientos seguirán a su debido tiempo. Ahora el asunto crítico es liberarte del pasado.

No digas: «Señor, por favor ayúdame a perdonar». Ya te está ayudando y estará contigo a través de todo este proceso. No digas: «Señor, quiero perdonar», porque eso pasa por alto la difícil decisión que tenemos que tomar. Dí: «Señor, perdono». A medida que pases por toda tu lista, quédate en cada individuo hasta que estés seguro de que te has ocupado de todo el dolor que recuerdas, de cada persona que te ha herido, y cómo te hizo sentir (rechazado, indigno, sucio, falto de amor, etc.).

Es tiempo de comenzar. Ora en voz alta por cada persona en tu lista, ora en voz alta:

**Señor, perdono a (nombre de la persona) por (la herida que te produjo) aunque me hizo sentir (los recuerdos o sentimientos dolorosos).**

Una vez que trates con cada ofensa que recuerdes y que expreses de manera sincera cómo esa persona te hirió, concluye orando:

**Señor, decido no recriminar más a (nombre). Gracias por liberarme de mi rencor esclavizante hacia (nombre). Ahora, deseo pedirte que bendigas a (nombre). En el nombre de Jesús. Amén.**

## Paso 4: Rebelión contra sumisión

Vivimos en tiempos de rebeldías. Hoy los jóvenes casi no respetan a las personas que Dios ha colocado en posiciones de autoridad sobre ellos. Podrías tener un problema viviendo en sumisión a la autoridad. Es posible que puedas ser engañado fácilmente y llegar a pensar que los que están en posiciones de autoridad están robándote tu libertad. Empero, en realidad Dios los ha colocado allí para tu protección.

Rebelarse contra Dios y sus autoridades es un asunto serio. Le ofrece a Satanás la oportunidad de atacarte. La sumisión es la única solución. Sin embargo, Dios requiere más de parte tuya que la mera apariencia externa de sumisión. Él quiere que te sometas sinceramente a tus autoridades, especialmente tus padres, de todo corazón. Cuando te sometas, tu comandante general, el Señor Jesucristo, te dirá: «¡Ponte en fila y sígueme!» Él promete que no te llevará a tentación, sino que te librará del maligno (Mateo 6.13).

La Biblia aclara que tenemos dos responsabilidades importantes hacia los que están en autoridad: orar por ellos y someternos a ellos. Pronuncia la siguiente oración en voz alta y de todo corazón.

***Querido Padre celestial, en la Biblia has dicho que la rebelión es igual a la brujería, y que ser voluntarioso es como servirle a dioses falsos (1 Samuel 15.23). Sé que en mi corazón me he rebelado y te he desobedecido a ti y a aquellos que has colocado en autoridad sobre mí. Gracias por perdonar mi rebelión. Oro que me muestres todas las maneras en las cuales he sido rebelde. Quiero adoptar un espíritu sumiso y el corazón de un siervo. En el nombre precioso de Jesús oro. Amén.***

¡Colocarnos bajo autoridad es un acto de fe! Al someternos, confiamos en Dios para que obre mediante sus vías de autoridad.

A veces los padres, los maestros, y otras figuras de autoridad abusan de su autoridad y quebrantan las leyes ordenadas por Dios para la protección de personas inocentes. En esos casos, necesitas buscar ayuda de una autoridad mayor para tu protección. Las leyes en tu estado podrían requerir que reportes esos abusos a la policía u otras agencias.

Si hay un abuso continuo (físico, mental, emocional o sexual) en el hogar, podría hacer falta la orientación para cambiar esta situación.

Si las autoridades abusan de su posición pidiéndote que violes la ley de Dios o comprometas tu deber para con Él, necesitas obedecer a Dios más que a los humanos (Hechos 4.19-20).

Se nos dice que nos sometamos los unos a los otros en reverencia a Cristo (Efesios 5.21). Sin embargo, además de eso, Dios usa vías específicas de autoridad para protegernos y ordenar nuestras vidas diarias.

- Gobierno civil (incluyendo leyes de tránsito, leyes en cuanto a la bebida, etc.) (Romanos 13.1-7; 1 Timoteo 2.1-4; 1 Pedro 2.13-17)
- Padres, padrastros o guardianes legales (Efesios 6.1-3)
- Maestros, entrenadores y oficiales escolares (Romanos 13.1-4)
- Tu jefe (Romanos 13.1-4)
- Esposo (Efesios 5.22-24)
- Líderes eclesiásticos (pastor, pastor de jóvenes, maestra de Escuela Dominical) (Hebreos 13.17)
- Dios mismo (Daniel 9.5,9)

Examina cada una de las siete áreas de autoridad presentadas anteriormente y pídele al Señor que te perdone por las veces que no has respetado posiciones o no te has sometido a ellas, orando:

**Señor, concuerdo contigo en que he sido rebelde con __________. Por favor, perdóname por esta rebelión. Quiero ser sumiso y obediente a tu Palabra. En el nombre de Jesús. Amén.**

## Paso 5: Orgullo contra humildad

El orgullo es un asesino. Y afirma: «¡Puedo hacerlo! Puedo salir de este lío sin Dios o sin la ayuda de nadie». ¡Ah, no, no podemos! Necesitamos a Dios de manera absoluta, y nos necesitamos el uno al otro desesperadamente. Pablo escribió: «En espíritu servimos a Dios y nos gloriamos en Cristo Jesús, no teniendo confianza en la carne» (Filipenses 3.3).

La humildad es la confianza puesta de manera adecuada en Dios. Hemos de ser fortalecidos «con el Señor y con su fuerza poderosa» (Efesios 6.10, *Biblia del Peregrino*). Santiago 4.6-10 y 1 Pedro 5.1-10 nos dicen que cuando somos orgullosos, nos seguirán los problemas espirituales. Usa la siguiente oración para expresar tu compromiso de vivir humildemente ante Dios.

*Querido Padre celestial, has dicho que el orgullo precede a la destrucción y un espíritu arrogante precede a la caída (Proverbios 16.18). Confieso que he estado pensando mayormente acerca de mí mismo y no en los demás. No me he negado a mí mismo, ni he cargado diariamente la cruz, ni te he seguido (Mateo 16.24), y como resultado, le he cedido terreno al enemigo en mi vida. He creído que podía tener éxito viviendo de acuerdo a mi poder y mis recursos. Ahora confieso que he pecado contra ti anteponiendo mi voluntad a la tuya y al centrar mi vida alrededor de mí mismo y no de ti. Renuncio a mi orgullo y mi egoísmo y cierro cualquier puerta que haya abierto en mi vida o en mi cuerpo físico a los enemigos del Señor Jesucristo. Elijo confiar en el poder y la dirección del Espíritu Santo para hacer tu voluntad. Te doy mi corazón y me sostengo contra todos los ataques de Satanás. Te pido que me muestres cómo vivir para otros. Ahora decido hacer que otros sean más importantes que yo y que seas lo más importante en toda mi vida (Romanos 12.10; Mateo 6.33). Por favor, muéstrame específicamente las maneras en las cuales he vivido con orgullo. Te pido esto en el nombre de mi Señor Jesucristo. Amén.*

Una vez que hayas hecho ese compromiso en oración, ahora deja que Dios te muestre cualquier área específica de tu vida en la que has sido orgulloso, como:

- Deseo hacer mi voluntad más que la voluntad de Dios.
- Confío más en mi fuerza y mis habilidades que en la fuerza y la habilidad de Dios.
- Con demasiada frecuencia creo que mis ideas son mejor que las de las otras personas.

- Quiero controlar la manera en la cual otros actúan en lugar de desarrollar el autocontrol.
- Algunas veces me considero más importante que los demás.
- Tengo la tendencia de pensar que no necesito a otras personas.
- Se me hace difícil reconocer cuando estoy equivocado.
- Es posible que me interese más agradar a las personas que a Dios.
- Estoy obsesionado por obtener crédito para hacer cosas buenas.
- Casi siempre pienso que soy más humilde que otros.
- Frecuentemente pienso que soy más inteligente que mis padres.
- Muchas veces siento que mis necesidades son más importantes que las de los demás.
- Me considero mejor que otros por mis habilidades o logros académicos, artísticos o atléticos.

Ora en voz alta por cada una de las áreas anteriores que han sido ciertas en tu vida.

***Señor, concuerdo conque he sido orgulloso en el área de ____________. Gracias por perdonarme este orgullo. Decido humillarme y poner toda mi confianza en ti. Amén.***

## Paso 6: La esclavitud contra la libertad

El próximo paso hacia la libertad trata con los pecados que se han convertido en hábitos en tu vida. Si has sido atrapado en el ciclo vicioso de «pecado-confieso-pecado-confieso», observa que el camino hacia la victoria es «pecado-confieso-*resisto*» (Santiago 4.7). El pecado habitual frecuentemente requiere ayuda de un hermano o una hermana de confianza en Cristo. Santiago 5.16 dice: «Confesaos vuestras ofensas unos a otros, y orad unos por otros, para que seáis sanados. La oración eficaz del justo puede mucho». Busca un cristiano más fuerte que te eleve en oración y te haga responsable en tus áreas de debilidad.

Algunas veces la certeza de 1 Juan 1.9 es suficiente: «Si confesamos nuestros pecados, él es fiel y justo para perdonar nuestros pecados, y limpiarnos de toda maldad».

Recuerda, la confesión no es decir: «Lo siento»; es reconocer abiertamente: «Lo hice». Ya sea que necesites la ayuda de otros o simplemente la responsabilidad ante Dios, expresa la siguiente oración en voz alta:

*Querido Padre celestial, nos has dicho que nos pongamos al Señor Jesucristo y que no hagamos provisión para la carne en cuanto a su lujuria (Romanos 13.14, Biblia del Peregrino). Concuerdo en que he cedido a los deseos pecaminosos que guerrean contra mi alma (1 Pedro 2.11). Te agradezco porque en Cristo mis pecados han sido perdonados, pero he quebrantado tu santa ley y le he dado una oportunidad al diablo para que reine en mi cuerpo (Romanos 6.12-13; Santiago 4.1; 1 Pedro 5.8). Vengo ante tu presencia para reconocer estos pecados y buscar tu limpieza (1 Juan 1.9) para ser librado de la esclavitud del pecado. Ahora te pido que me reveles las maneras en las cuales he quebrantado tu ley moral y entristecido al Espíritu Santo. Oro en el precioso nombre de Jesús. Amén.*

Hay muchos pecados habituales que pueden controlarnos. La siguiente lista contiene algunos de los más comunes. Mira la lista y pídele al Espíritu Santo que te revele cuáles debes confesar. Él podría recordarte otros que no están allí. Repite la siguiente oración de confesión, de todo corazón, por cada uno de los que Dios te revele.

- robo
- mentira
- peleas
- odio
- celos y envidia
- ira
- quejas y crítica
- pensamientos impuros
- anhelo de placer lujurioso
- perfeccionismo
- trampas
- chisme
- dejar las cosas para luego
- malas palabras
- la codicia y el materialismo
- la apatía y la vagancia
- otro

*Señor, reconozco que he cometido el pecado de __________. Te agradezco por tu perdón y limpieza. Me aparto de este pecado y acudo a ti, Señor. Fortaléceme mediante tu Espíritu Santo para obedecerte. En el nombre de Jesús. Amén.*

Controlar el pecado en nuestros cuerpos es responsabilidad nuestra. No debemos usar nuestros cuerpos ni los de algún otro como instrumento de injusticia (Romanos 6.12-13). Si luchas con pecados sexuales que no puedes dejar (como la pornografía, la masturbación, las caricias y los besos fuertes, el sexo oral, o el coito) ora lo siguiente:

**Señor, te pido que me reveles cualquier uso sexual de mi cuerpo como instrumento de injusticia. Oro en el precioso nombre de Jesús. Amén.**

A medida que el Señor traiga a colación cada uso sexual de tu cuerpo, ya sea que te lo hubieran hecho (es decir, violación, incesto, o cualquier acoso sexual) o que lo hubieras hecho voluntariamente, renuncia cada ocasión:

**Señor, renuncio a (menciona el uso específico de tu cuerpo) con (la persona involucrada) y te pido que quebrantes ese vínculo pecaminoso con (nombre).**

Luego de terminar este ejercicio, comprométele tu cuerpo al Señor orando en voz alta y de todo corazón:

**Señor, renuncio a todos estos usos de mi cuerpo como instrumento de injusticia, y reconozco mi participación voluntaria. Señor, quiero presentarte mis ojos, mi boca, mi mente, mis manos y mis pies, y todo mi cuerpo como instrumentos de justicia. Ahora te presento mi cuerpo como sacrificio vivo, santo y aceptable a ti, y decido reservar el uso sexual de mi cuerpo (mis órganos sexuales) sólo para el matrimonio (Hebreos 13.4). Rechazo la mentira de Satanás de que mi cuerpo no está limpio o que está sucio o que no lo aceptas de manera alguna como resultado de mis pasadas experiencias sexuales. Señor, te agradezco porque me has limpiado y perdonado por completo, y porque me amas tal y como soy. Por lo tanto, puedo aceptarme a mí mismo y a mi cuerpo como limpios ante tus ojos. En el nombre de Jesús. Amén.**

Oraciones especiales para necesidades específicas

*Homosexual*

***Señor, renuncio a la mentira de que me creaste a mí o a cualquiera otra persona para ser homosexual, y concuerdo conque prohíbes claramente el comportamiento homosexual. Me acepto a mí mismo como un hijo de Dios y declaro que me creaste hombre (o mujer). Renuncio a todos los pensamientos homosexuales, las motivaciones, o los impulsos, así como a cualquier otra esclavi-***

*tud de Satanás, que haya pervertido mis relaciones con otros. Anuncio que estoy libre para relacionarme con el sexo opuesto y mi propio sexo en la manera que tú deseas. En el nombre de Jesús. Amén.*

*Aborto*

*Señor, te confieso que no fui un guardián o protector adecuado de la vida que me confiaste, y te pido perdón. Deseo aceptar tu perdón perdonándome a mí mismo, y ahora te encomiendo esa criatura para que la cuides por toda la eternidad. En el nombre de Jesús. Amén.*

*Tendencias suicidas*

**Renuncio a los pensamientos suicidas y a cualquier intento que haya hecho para quitarme la vida o herirme de alguna manera. Renuncio a la mentira de que la vida no tiene esperanza y que puedo encontrar paz y libertad quitándome la existencia. Satanás es un ladrón, y viene a robar, matar, y destruir. Elijo la vida en Cristo quien dijo que vino a darme vida y darla en abundancia. Decido aceptar Tu perdón perdonándome a mí mismo, y elijo creer que siempre hay esperanza en Cristo. En el nombre de Jesús. Amén.**

*Desórdenes en los hábitos de alimentación o respecto a causarte daño a tí mismo*

**Renuncio a la mentira de que mi valor como persona depende de mi belleza física, mi peso o mi tamaño. Renuncio a cortarme a mí mismo, a vomitar, a usar laxantes, o pasar hambre como medio para la limpieza del mal o alterar mi apariencia. Anuncio que sólo la sangre del Señor Jesucristo me limpia del pecado. Acepto la realidad de que es posible que haya pecado presente en mí debido a las mentiras que he creído y el mal uso de mi cuerpo. Pero renuncio a la mentira de que soy malo o de que alguna parte de mi cuerpo es mala. Mi cuerpo es el templo del Espíritu Santo y le pertenezco a Dios. Soy totalmente aceptado por Dios en Cristo, tal y como soy. En el nombre de Jesús. Amén.**

*Abuso de sustancias*

**Señor, te confieso que he abusado de sustancias (alcohol, tabaco,**

**comida, drogas callejeras o recetadas) con el propósito de escapar de la realidad, lidiar con problemas difíciles o por placer. Te confieso que he abusado de mi cuerpo y programado mi mente de manera dañina. No le he permitido a tu Espíritu Santo que me guíe. Te pido tu perdón, y rechazo cualquier conexión satánica o influencia en mi vida debido a mi abuso de las drogas o el alimento. Echo todas mis preocupaciones en Cristo que me ama, y me comprometo a no vivir más en el abuso de las sustancias, sino que dejo que el Espíritu Santo me dirija y me fortalezca. En el nombre de Jesús. Amén.**

Luego de haber confesado todo pecado conocido, ora:

**Ahora te confieso estos pecados y reclamo, mediante la sangre del Señor Jesucristo, mi perdón y mi limpieza. Cancelo toda terreno que hayan ganado los espíritus malignos mediante mi participación voluntaria en el pecado. Pido esto en el maravilloso nombre de mi Señor y Salvador Jesucristo. Amén.**

## Paso 7: Maldiciones contra bendiciones

El último paso hacia la libertad es renunciar a los pecados de tus antepasados y a cualquier maldición que haya sido puesta sobre ti. Al dar los Diez mandamientos, Dios dijo: «No te harás imagen, ni ninguna semejanza de lo que esté arriba en el cielo, ni abajo en la tierra, ni en las aguas debajo de la tierra. No te inclinarás a ellas, ni las honrarás; porque yo soy Jehová tu Dios, fuerte, celoso, que visito la maldad de los padres sobre los hijos hasta la tercera y cuarta generación de los que me aborrecen» (Éxodo 20.4-5).

Los espíritus demoníacos o familiares pueden pasarse de una generación a la próxima, si no renuncias a los pecados de tus antepasados y reclamas una nueva herencia espiritual en Cristo. *No eres culpable del pecado de tus antepasados*, pero debido a su pecado, Satanás ha ganado acceso a tu familia.

Además, las personas engañadas y malvadas podrían tratar de maldecirte, o los grupos satánicos podrían tratar de convertirte en blanco suyo. Tienes toda la autoridad y la protección que necesitas en Cristo para soportar esas maldiciones. Para andar libre de los pecados de tus ancestros y cualquier influencia demoníaca, lee la siguiente declaración y ora la siguiente oración en voz alta. Deja que las palabras salgan de tu corazón mientras recuerdas la autoridad que tienes en Cristo Jesús.

**Declaración**

*Aquí y ahora rechazo y repudio todos los pecados de mis antepasados. Cancelo, por ser libre del dominio de las tinieblas y llevado al reino del Hijo de Dios, toda obra demoníaca que me haya sido traspasada por mi familia. Renuncio, como crucificado y levantado con Jesucristo y sentado con Él en los lugares celestiales, a toda tarea satánica que esté dirigida hacia mí. Rompo toda maldición que Satanás y sus obreros hayan puesto sobre mí. Le anuncio a Satanás y a todas sus fuerzas que Cristo se hizo maldición por mí (Gálatas 3.13) cuando murió por mis pecados en la cruz. Rechazo cualquier manera en la cual Satanás pueda reclamarme como propiedad. Le pertenezco al Señor Jesucristo que me compró con su sangre. Rechazo todos los sacrificios sangrientos mediante los cuales Satanás pueda reclamarme como propiedad. Me declaro eterna y completamente entregado y consagrado al Señor Jesucristo. Por la autoridad que tengo en Jesucristo, ahora le ordeno a cada espíritu familiar y cada enemigo del Señor Jesucristo que me está influyendo que abandone mi presencia. Me consagro a mi Padre celestial, para hacer su voluntad desde este día en adelante.*

Oración

*Querido Padre celestial, vengo a ti como hijo tuyo, comprado por la sangre del Señor Jesucristo. Tú eres el Señor del universo y el Señor de mi vida. Me someto a ti como instrumento de justicia, un sacrificio vivo, que pueda glorificarte en mi cuerpo. Ahora le pido a tu Espíritu Santo que me guíe y me fortalezca para conocer y hacer tu voluntad. Me comprometo a renovar mi mente para probar que tu voluntad es buena, perfecta y aceptable para mí. Todo esto lo hago en el nombre y la autoridad del Señor Jesucristo. Amén.*

Señales de pureza

*Lee:* Gálatas 5.1

*Reflexiona:*

1. ¿Cuál de los pasos hacia la libertad parecieron ayudarte más? ¿Hay algo de lo cual todavía tienes que ocuparte?
2. ¿Por qué es la persona de Cristo la que trae libertad y no estos pasos?
3. Si vuelves a encontrarte en esclavitud, ¿podrían ayudarte estas verdades?
4. ¿De qué manera podrías comunicar este mensaje de libertad y esperanza a otros adolescentes? ¿Crees que escucharían?

*Respuesta:*

***Querido Padre celestial, dices que la verdad habría de liberarme y estabas en lo correcto. Gracias por mostrarme el camino hacia la libertad en Cristo. Te pido ahora que me ayudes a crecer, mientras decido mantener mi libertad. Jesús, eres Libertador. Gracias por no olvidarte de mí y amarme siempre. Oro en tu nombre. Amén.***